»Kinder sind Kinder« – Band 17

Christine Hagemann
Ingrid Börner

Montessori
für Vorschulkinder

mit 22 Abbildungen

Ernst Reinhardt Verlag München Basel

Christine Hagemann und *Ingrid Börner,* Bayreuth, sind Dozentin-
nen (mit Montessori-Diplom) an einer Fachakademie für Sozial-
und Heilpädagogik

Umschlagfoto: Otto Rauh
Fotos Innenteil: Harald Hagemann

Die Deutsche Bibliothek – CIP-Einheitsaufnahme

Hagemann, Christine:
Montessori für Vorschulkinder / Christine Hagemann ;
Ingrid Börner. – München ; Basel : E. Reinhardt, 2000
 (Kinder sind Kinder ; Bd. 17)
 ISBN 3-497-01541-5

 ISSN 0720-8707

Printed in Germany

Ernst Reinhardt Verlag, Postfach 38 02 80, D-80615 München
Net: www.reinhardt-verlag.de Mail: info@reinhardt-verlag.de

Inhalt

Maria Montessori (1870–1952)

1 Maria Montessori – eine große Reformpädagogin

Kindheit, Jugend, Medizinstudium

Maria Montessori wird am 31. August 1870 in Chiaravalle bei Ancona/Italien geboren. Im Jahr 1875 zieht die Familie nach Rom. Dort besucht sie sechs Jahre lang die Grundschule und wechselt anschließend an eine naturwissenschaftlich-technisch orientierte Sekundarschule, die sie im Jahr 1890 mit dem Abitur abschließt. Von 1890 bis 1892 studiert sie Naturwissenschaften an der Universität Rom. Gegen Ende des Studiums entwickelt sie den Wunsch, Medizin zu studieren und Ärztin zu werden. Dies ist damals für Frauen in Italien verboten. Maria Montessori überwindet jedoch alle Widerstände und setzt sich durch. Sie beginnt 1890 ihr Medizinstudium an der Universität in Rom und legt 1896 ihr Staatsexamen ab. Damit ist sie die erste Ärztin Italiens. Noch im selben Jahr beginnt sie als Assistenzärztin an der Uniklinik in Rom zu arbeiten. Nebenbei betreibt sie eine Privatpraxis.

Erste Begegnung mit der Pädagogik

Im Rahmen einer Forschungsarbeit an der psychiatrischen Universitätsklinik kommt sie das erste Mal mit pädagogischen Fragestellungen näher in Berührung. In der Psychiatrie sind sogenannte schwachsinnige Kinder untergebracht. Sie werden körperlich versorgt, bleiben jedoch ohne jegliche Anregung, Förderung oder Betätigungsmöglichkeit. Montessori erkennt, dass hier ein pädagogisches Problem vorliegt. Auf der Suche nach Arbeiten, die sich mit dieser Thematik befassen, stößt sie auf die Werke der französischen Ärzte Itard und Seguin. Beide hatten sich schon zu Beginn des 19. Jahrhunderts mit der Förderung von geistig behinderten Kindern beschäftigt. Sie entwickelten Materialien zur Sinnesschulung und hofften, damit die Entwicklung dieser Kinder voranbringen zu können. Montessori ist von dem Ansatz beeindruckt. Sie greift die Ideen auf und entwickelt sie weiter. 1898 wird sie Mitglied der Liga für die Erziehung geistig behinderter Kinder. In der folgenden Zeit setzt sie sich für die Rechte von geistig behinderten Kindern ein und fordert die Einrichtung von Sonderschulen. Sie veröffentlicht Aufsätze und hält Vorträge zu diesem Thema.

Im Jahr 1898 wird ihr Sohn Mario Montessori geboren. Er ist der Sohn ihres Kollegen Dr. Montesano. Da sie mit dem Vater nicht verheiratet ist, gibt sie das Kind in Pflege. Erst später bekennt sie sich zu ihrem Sohn und nimmt ihn 1913 endgültig zu sich. Mario Montessori unterstützt seine Mutter später in ihrer Arbeit.

Erprobung, Weiterentwicklung und Verbreitung ihres Ansatzes

1899 übernimmt Maria Montessori die Leitung eines Instituts, an dem Sonderschullehrer ausgebildet werden. Dem Institut ist eine Modellschule angegliedert, an der sie selbst unterrichtet. Hier kann sie das von ihr entwickelte Förderprogramm in die Praxis umsetzen und erproben. Schnell stellen sich erste Erfolge ein, die ihr große Anerkennung in der Fachwelt einbringen. 1901 gibt sie die Tätigkeit an Institut und Schule auf und beginnt ein Studium der Anthropologie an der Universität Rom. Nach Abschluss des Studiums wird sie als Professorin für pädagogische Anthropologie an diese Universität berufen. Sie folgt diesem Ruf und nimmt 1904 die Lehrtätigkeit auf.

Im Jahre 1906 bietet sich für Montessori die Gelegenheit, ihr Förderprogramm an nicht-behinderten Kindern zu erproben. In San Lorenzo, einem gerade sanierten Stadtteil von Rom, plant die zuständige Baugesellschaft, eine Kindertagesstätte zu errichten. Dort sollen noch nicht schulpflichtige Kinder berufstätiger Eltern betreut werden, die ansonsten sich selbst überlassen wären. Maria Montessori übernimmt die Leitung des sogenannten Kinderhauses, „casa dei bambini", das 1907 eröffnet wird.

Durch die praktische Arbeit im Kinderhaus gewinnt sie neue Erkenntnisse, die zur Weiterentwicklung ihres pädagogischen Konzeptes führen. Die überraschenden Erziehungs- und Bildungserfolge werden bekannt und ziehen Besucher aus aller Welt an, die sich in San Lorenzo über die Arbeit Montessoris informieren wollen. Weitere Kinderhäuser werden in Italien und in anderen Ländern gegründet.

Im Jahre 1908 beschließt Maria Montessori, ihre Lehrtätigkeit an der Universität zu beenden. Sie will sich ganz der Weiterentwicklung und Verbreitung ihrer Ideen widmen. 1909 beendet sie auch ihre Arbeit im Kinderhaus. In der Zeit vor dem Ersten Weltkrieg hält sie Vorträge, nimmt an Kongressen teil, hält Ausbildungskurse im In- und Ausland ab und veröffentlicht ihre Ideen. Ihr erstes Buch „Il metodo della pedagogia scientifica" („Die Methode der wissenschaftlichen Pädagogik"), kurz „Il metodo", erscheint noch im Jahr 1909. Das Buch wird in 20 Sprachen übersetzt und macht sie schlagartig weltberühmt. Sie erweitert und erprobt ihr Konzept in dieser Zeit für das Schulalter, also für Kinder von sechs bis zwölf Jahren. Im Jahr 1916 siedelt sie nach Barcelona über, wo sie sich insbesondere mit der religiösen Erziehung beschäftigt. 1921 tritt sie dem

„Weltbund für die Erneuerung der Erziehung" bei und pflegt verstärkt den Gedankenaustausch mit anderen führenden Reformpädagogen. Sie entwirft Ideen für Sekundarschulen, die nach ihrem Ansatz arbeiten. 1929 wird die Internationale Montessori-Gesellschaft gegründet. In den 30er Jahren setzt sie sich stark für die Friedenserziehung ein. Außerdem entwirft sie ihr Konzept von der „Kosmischen Erziehung", die den Kindern Wissen von der Welt und Einblicke in das Zusammenspiel von Mensch und Natur vermitteln soll. Maria Montessori muss 1936 Spanien wegen des Bürgerkriegs verlassen und zieht nach Amsterdam. Die Zeit des Zweiten Weltkriegs verbringt sie in Indien. Bereits 1946 lässt sie sich erneut in Holland nieder und setzt ihre Vortragsreisen bis zu ihrem Tod unermüdlich fort. Sie stirbt am 6. Mai 1952 in Nordwijk an Zee/Holland, wo sie auch beigesetzt ist.

Maria Montessori und die Reformpädagogik

Der Ansatz von Maria Montessori erscheint für die damalige Zeit revolutionär. Mit ihrer Sicht des Kindes und dem Einsatz für die Rechte von Kindern stand sie jedoch nicht allein. Sie gehörte zu der sogenannten reformpädagogischen Bewegung, zu der auch Pädagogen wie Rudolph Steiner, Peter Petersen, John Dewey und Celestin Freinet gerechnet werden. Es handelt sich um eine internationale Bewegung, die im ersten Drittel des 20. Jahrhunderts Erziehung grundlegend verändern wollte. Diese Pädagogen wandten sich

*   gegen die Reglementierung des kindlichen Lebens,
*   gegen autoritäre Lehrer, die Angst machen,
*   gegen eine Schule, die ausschließlich Stoff einpaukt.

12

Sie befürworteten dagegen

- Verständnis für die kindliche Eigenart,
- Lehrer und Erzieher, die beraten,
- Selbstbestimmung für Kinder und
- die Pflege der Gemeinschaft in der Schule.

Eingeläutet wird die Zeit der Reformpädagogen mit dem Buch „Jahrhundert des Kindes" von Ellen Key, das im Jahr 1900 in Schweden und 1902 in deutscher Übersetzung erscheint. Ihre frühen Wurzeln hat diese Bewegung in den Ansätzen einzelner großer Pädagogen wie Rousseau, Pestalozzi und Fröbel. Direkte Einflüsse auf diese neue Sicht von Kindern und Erziehung sind u. a. in der entstehenden Kinderpsychologie zu suchen. Das Kind wird erstmals nicht mehr als Wesen ohne Seele, ohne eigenes Wollen, sondern als aktives Wesen gesehen. Dies hat zur Folge, dass sich auch die Pädagogik entsprechend verändern muss. Vor diesem gedanklichen Hintergrund entwickelten die einzelnen Pädagogen dann ihre Konzepte mit unterschiedlichen Schwerpunkten und Methoden. Die Grundlagen des Konzeptes von Montessori sollen nun im Folgenden dargestellt werden.

2 Il metodo – Grundgedanken von Maria Montessori

„Il metodo" („Die Methode") lautete der Titel des ersten Buches von Maria Montessori, indem sie 1909 die Grundgedanken ihres Ansatzes festhielt und veröffentlichte. Maria Montessori geht davon aus, dass jeder Mensch bei der Geburt über einen „inneren Bauplan" verfügt, der die Entwicklung steuert. Das Kind setzt sich aktiv mit seiner Umwelt auseinander und entfaltet so, gemäß seinem inneren Bauplan, seine Persönlichkeit. Der innere Bauplan ist sehr empfindlich. Durch falsches Erzieherverhalten kann Entwicklung leicht beeinträchtigt und gestört werden. Erziehung hat die Aufgabe, die Umwelt so zu gestalten, dass Entwicklung nicht gefährdet ist. Deshalb müssen Erziehende gute Kenntnisse über die Entwicklung bzw. die Bedürfnisse von Kindern besitzen, die sie über die genaue Beobachtung von Kindern gewinnen können. Auf der Grundlage dieser Annahmen entwickelte Montessori ein Handlungskonzept für Erzieherinnen und Lehrkräfte, das bis in die heutige Zeit Gültigkeit hat und, wenn auch mit Abwandlungen, in den Montessori-Einrichtungen praktiziert wird. Am bekanntesten sind die nach ihr benannten didaktischen Materialien geworden. Deshalb möchten wir mit deren Beschreibung beginnen.

Die Montessori-Materialien

Montessoris Ausgangspunkt ist die Annahme, dass sich das Kind in der aktiven Auseinandersetzung mit der Umwelt entwickelt. Da viele unterschiedliche Eindrücke auf das Kind einströmen und es eine Vielzahl von Erfahrungen macht, muss es lernen, diese zu strukturieren. Die von Montessori entwickelten Materialien sollen den Aufbau von Denk- und Ordnungsstrukturen unterstützen. Mit Hilfe dieser Materialien lernt das Kind, bewusst wahrzunehmen, Eigenschaften und Merkmale zu unterscheiden, zu vergleichen, zu klassifizieren und in Beziehung zu setzen. Es geht Montessori weniger darum, dass einzelne konkrete Probleme gelöst werden, vielmehr soll das Kind zum präzisen Denken und Arbeiten geführt werden. Davon verspricht sie sich letztlich einen günstigen Einfluss auf die Persönlichkeitsentwicklung. Maria Montessori hat ein ganzes System von didaktischen Materialien entwickelt. Sie lassen sich in fünf Bereiche einteilen:

- Übungen des täglichen Lebens (z. B. Verschlussrahmen, Wasser gießen)
- Sinnesmaterial (z. B. Geräuschdosen, rote Stangen)
- Mathematikmaterial (z. B. goldenes Perlenmaterial, numerische Stangen)
- Sprachmaterial (z. B. Sandpapier-Buchstaben, bewegliches Alphabet)
- Material zur kosmischen Erziehung (z. B. Globus, botanisches Puzzle)

Alle Materialien sind nach einem bestimmten Grundmuster aufgebaut: Das Material ist so gestaltet, dass nur ein Lernschritt (eine Eigenschaft oder eine Schwierigkeit) vermittelt wird. Durch diese Beschränkung kann sich das Kind ganz auf diesen Lernschritt konzentrieren, es wird nicht durch andere Aspekte abgelenkt. So unterscheiden sich zum Beispiel die roten Stangen nur hinsichtlich ihrer Länge. Farbe, Form und Oberflächenbeschaffenheit sind bei allen einzelnen Exemplaren gleich.

Auch bezüglich des Schwierigkeitsgrades der Übungen besteht eine deutliche Ordnung. Die Materialien sind aufeinander bezogen, d. h. sie sind nicht beliebig einsetzbar. So sind die Sinnesmaterialien für die Schulung der unterschiedlichen Wahrnehmungsbereiche gedacht, gleichzeitig sind sie aber z. T. auch Vorbereitung für die Mathematik. Am Beispiel der roten Stangen erkennen Kinder die Bedeutung der Begriffe „lang" und „kurz", die später wichtig sind für den Umgang mit Längen und Zahlen. Die Kinder können Schritt für Schritt vorangehen und werden dadurch nicht überfordert.

Alle Materialien sind so konzipiert, dass das Kind tätig werden muss und sich die Erkenntnisse selbst erarbeitet. Es hantiert, arbeitet mit dem Material. Über das Be-Greifen kann das Kind erkennen, verstehen und ordnen. Hier besteht ein grundsätzlicher Unterschied zu den sonst üblichen didaktischen Materialien. Montessori-Materialien sind nicht als Hilfe für die Erzieherin oder Lehrkraft gedacht, die damit einen Lernschritt vermittelt, sondern es sind Arbeitsmaterialien für die Kinder.

Jedes Material hat eine Fehlerkontrolle eingebaut, bei den roten Stangen z. B. mit Hilfe der kleinsten Einheit, die jeweils genau auf die Abstufungen passt. Das Kind braucht keine Kontrolle oder Korrektur durch Erzieherinnen oder Lehrkräfte, es kann Fehler selbst erkennen und verbessern. Nur so wird die freie Wahl erst möglich und das selbständige Arbeiten des Kindes gefördert.

Auch der ästhetische Aspekt spielt für Montessori eine wichtige Rolle. Das Material soll so beschaffen sein, dass es anziehend auf die Kinder wirkt. Dies wird durch Farbe, Glanz und Harmonie erreicht. Das Kind wird dann von sich aus sorgsam und pfleglich mit dem schönen Material umgehen.

Kerngedanke ist, dass die Materialien dem Kind helfen sollen, die Vielzahl der Umwelteindrücke zu ordnen und zu verarbeiten. Das Material ist nur ein Hilfsmittel, um die Welt besser zu verstehen. Es soll nicht die Welt ersetzen. Deutlich wird das in folgender Aussage von Montessori:

„Unser Material soll ... Helfer und Führer sein für die innere Arbeit des Kindes. Wir isolieren das Kind nicht von der Welt, sondern wir geben ihm Rüstzeug, die ganze Welt und ihre Kultur zu erobern. Es ist wie ein Schlüssel zur Welt und nicht mit der Welt selbst zu verwechseln" (Zit. nach Oswald/Schulz-Benesch 1967, 33).

Das bedeutet, dass die Übertragung in den Alltag, in die Umwelt ebenso wichtig ist. Hat ein Kind Erkenntnisse gewonnen, wie z. B. eine Vorstellung, was lang/kurz und die Steigerung davon ist, so kann überlegt werden, welche Rolle diese Erkenntnisse im Alltag spielen, z. B. beim Abmessen von Gegenständen etc. Nach den Beobachtungen von Montessori müssen Kinder dazu nicht angeregt werden, sie kommen meist ganz von alleine auf Anwendungsideen.
Das Entwicklungs- oder Arbeitsmaterial ist im Gesamtkonzept von Montessori zu sehen. Es erfüllt seinen Sinn erst in Verbindung mit der vorbereiteten Umgebung, der freien Wahl und der vorbereiteten Erzieherin.

Die Rolle der Erzieherin

Die vorbereitete Erzieherin hat eine grundlegend andere Rolle als in der herkömmlichen Erziehung. Hauptanliegen von Montessori ist das Denken vom Kind aus. Kinder sollen möglichst wenig fremdbestimmt werden. Vielmehr sollen ihnen Hilfen zur Selbsterziehung gegeben werden. Erzieherverhalten ist daher durch Zurückhaltung gekennzeichnet. Montessori sieht folgende Aufgaben: Die Erzieherin muss die Umgebung vorbereiten und laufend pflegen, d.h. sie achtet darauf, dass das Material vollständig und sauber ist und an seinem Platz steht.

Fast alle Materialien sind für die Einzelarbeit gedacht, sie werden zunächst einem einzelnen Kind angeboten. Montessori geht davon aus, dass Erkenntnisse nur individuell gewonnen werden können. Das schließt Zusammenarbeit nicht grundsätzlich aus. Sie sollte aber erst stattfinden, wenn alle Beteiligten mit dem Material vertraut sind.

Die Erzieherin muss durch Beobachtung den passenden Zeitpunkt für die Einführung erkennen sowie notwendige heilpädagogische Variationen anbieten, wenn dies erforderlich erscheint. Sie muss sich in Geduld üben. Kein Kind darf zu einem Lernschritt gedrängt werden. Damit die Einführung korrekt erfolgt, muss sie das Material genau kennen. Schon kleine Unsicherheiten und Ungenauigkeiten bei der Darbietung können beim Kind zu Irritationen führen.

Die Einführung des Materials erfordert die ganze Aufmerksamkeit der Erzieherin oder Lehrkraft und kann nicht nebenbei erfolgen. Montessori hat der Darbietung große Bedeutung beigemessen und deshalb genaue Handlungsanweisungen dafür gegeben. Die Erzieherin bzw. Lehrerin muss folgende Grundsätze beachten:

- Zunächst holt die Erzieherin das Material gemeinsam mit dem Kind aus dem Regal. Das Kind kennt somit den Platz und kann das Material selbst holen und aufräumen.
- Der Arbeitsplatz ist in der Regel begrenzt durch einen Arbeitsteppich. Auf dem Teppich liegt nur das Material, mit dem gearbeitet wird. Dadurch ist der Arbeitsplatz übersichtlich. Das Kind wird nicht durch andere Dinge abgelenkt.
- Das Kind sitzt so neben der Erzieherin, dass es die Handlungen genau verfolgen kann. Die Darbietung muss klar

und eindeutig sein, d. h. die Bewegungen sind langsam und geordnet. Grundsätzlich wird bei der Einführung so wenig wie möglich gesprochen, das Material spricht für sich. Erklärungen würden die Aufmerksamkeit vom Material und der Übung ablenken.

- Sobald das Kind verstanden hat, darf es die Handlung übernehmen. Die Erzieherin zieht sich zurück und beobachtet das Kind. Sie greift nicht ein, wenn das Kind einen Fehler macht. Die Fehlerkontrolle erfolgt über das Material.
- Nach intensivem Umgang mit dem Material werden die Erfahrungen (z. B. Eigenschaften) mit Begriffen belegt. Dies geschieht über die „Drei-Stufen-Lektion." Auf der ersten Stufe wird das Merkmal benannt. Die Erzieherin nimmt z. B. bei den roten Stangen zwei Stangen unterschiedlicher Länge und spricht: „Das ist lang." – „Das ist kurz." Auf der zweiten Stufe wird überprüft, ob das Kind die Begriffe verstanden hat. Die Erzieherin fordert das Kind auf: „Gib mir die lange Stange" oder „zeig mir ..." Auf der dritten Stufe soll das Kind die Begriffe selbst verwenden. Dies wird eingeleitet mit der Frage „Was ist das?" Die Begriffe können später erweitert werden durch die Steigerungsformen „länger", „am längsten".

Die vorbereitete Umgebung

Eng mit der vorbereiteten Erzieherin ist die sogenannte vorbereitete Umgebung verbunden. Die vorbereitete Umgebung muss so gestaltet sein, dass sie dem Entwicklungsstand der Altersstufe entspricht. Sie muss besonders für kleine Kinder einfach strukturiert und überschaubar sein. Dadurch kann sich das Kind besser orientieren und wird nicht durch zu viele Reize überfordert. Je älter die Kinder werden, desto komplexer kann auch die Umwelt gestaltet sein. Zur Überschaubarkeit trägt u. a. bei, dass jedes Material pro Gruppe/Klasse nur einmal vorhanden ist. So sind die Kinder in der Lage, wirklich eine Auswahl zu treffen. Aber auch der soziale Aspekt kommt hier zum Tragen. Die Kinder müssen sich untereinander absprechen, sie müssen warten können, bis ein anderes Kind mit seiner Arbeit fertig ist. Zudem werden sie dadurch angehalten, sorgfältig mit dem Material umzugehen, da andere Kinder noch damit arbeiten wollen. Jedes Material hat einen festen Platz im Gruppenraum. Die Kinder wissen, wo sie das Material finden und wohin sie es zurückbringen müssen. Weiterhin soll der Grundsatz der Ästhetik verwirklicht werden. Montessori legt Wert auf helle, freundliche Räume, klare Farben und Formen. Dies ist heute, ebenso wie die Forderung nach kleinen, kindgerechten Möbeln, zur Selbstverständlichkeit geworden.

Freiheit und Disziplin

Am umstrittensten ist der Aspekt der „freien Wahl", wohl auch deswegen, weil der Begriff häufig nicht im Sinne Montessoris interpretiert wurde. Freie Wahl ist in zweierlei Hinsicht zu verstehen. Es ist sowohl geistige als auch körperliche „Bewegungsfreiheit" damit gemeint.
Geistige Bewegungsfreiheit bedeutet, die Kinder können innerhalb der vorbereiteten Umgebung selbst bestimmen womit, mit wem und wie lange sie arbeiten. Sie haben die Möglichkeit, die Übungen immer wieder zu vollziehen, und entscheiden, wann sie sich an den nächsten Schwierigkeitsgrad heranwagen. Um Missverständnisse zu vermeiden, sei darauf hingewiesen, was freie Wahl nicht bedeutet. Sie bedeutet nicht, dass Kinder untätig sind. Sie werden dazu aufgefordert, sich ein Arbeitsmaterial zu holen und sich damit zu beschäftigen. Die Materialien wer-

den ihrer Bestimmung nach verwendet, sie dürfen nicht zweckentfremdet werden. Erzieherinnen und Lehrkräfte haben den Lernfortschritt im Auge, d. h. sie bieten Material an und achten dabei auf eine gewisse Ausgewogenheit. Lernfortschritte werden dokumentiert, meist in einem sogenannten Pensenbuch.

Die körperliche Bewegungsfreiheit ist für Montessori ein weiterer wichtiger Gesichtspunkt. Von den Kindern in der Montessori-Schule wird nicht ruhiges Sitzen auf einem bestimmten Platz verlangt. Sie dürfen im Klassenzimmer umherlaufen, anderen Kindern bei der Arbeit zusehen, an die Regale gehen, um sich zu orientieren. Haben sie sich für ein Arbeitsmaterial entschieden, dann können sie am Tisch oder auf dem Boden arbeiten, sitzend oder liegend. Aber auch die Freiheit, andere Klassen zu besuchen, ist damit gemeint. Montessori-Schulen haben offene Türen, Kinder können in andere Klassen gehen und sich dort Anregungen holen. Andere Kinder dürfen aber nicht bei ihrer Arbeit gestört werden.

Das Kind als Baumeister seiner selbst

Sind alle vier Voraussetzungen, vorbereitete Umgebung, vorbereitete Erzieherin, freie Wahl und geeignete Entwicklungsmaterialien, gegeben, so wirkt sich dies positiv auf die Entwicklung des Kindes aus. Die Auswirkungen sollen anhand eines von Montessori selbst immer wieder angeführten Beispiels verdeutlicht werden. Während ihrer Arbeit in der „Casa dei Bambini" beobachtet Montessori eines Tages ein Kind, das mit einem Sinnesmaterial arbeitet. Sie berichtet: „Die erste Erscheinung, die meine Aufmerksamkeit auf sich zog, zeigte sich bei einem etwa dreijährigen Mädchen, das damit beschäftigt war, die Serie der Holzzylinder in die entsprechenden Öffnungen zu stecken und wieder herauszunehmen. Diese Zylinder ähneln Flaschenkorken, nur haben sie abgestufte Größen und jedem von ihnen entspricht eine passende Öffnung in einem Block. Ich erstaunte, als ich ein so kleines Kind eine Übung wieder und wieder mit tiefem Interesse wiederholen sah … Gewohnt dererlei Dinge zu beobachten, begann ich die Übungen des kleinen Mädchens zu zählen. Auch wollte ich feststellen, bis zu welchem Punkt die eigentümliche Konzentration der Kleinen gehe, und ich ersuchte daher die Lehrerin, alle übrigen Kinder singen und herumlaufen zu lassen. Das geschah auch, ohne dass das kleine Mädchen sich in seiner Tätigkeit hätte stören lassen. Darauf ergriff ich vorsichtig das Sesselchen, auf dem die Kleine saß, und stellte es mitsamt dem Kinde auf den Tisch. Die Kleine hatte mit rascher Bewegung ihre Zylinder an sich genommen und machte nun, das Material auf den Knien, ihre Übung unbeirrt weiter. Seit ich zu zählen begonnen hatte, hatte die Kleine ihre Übung zweiundvierzigmal wiederholt. Jetzt hielt sie inne, so als erwache sie aus einem Traum, und lächelte mit dem Ausdruck eines glücklichen Menschen" (Montessori 1952, 124).

Montessori hebt hier insbesondere die ungeheuer große Konzentration des Kindes hervor. Die Kinder sind völlig versunken, lassen sich bei ihrer Arbeit vom Umfeld nicht stören. Sie wiederholen die Übungen immer wieder, bis sie damit „fertig" sind. Dann wenden sie sich neuen Aufgaben zu und die Übung interessiert nicht mehr. Besonders wichtig ist für Montessori, dass sich bei den Kindern eine große innere Zufriedenheit bemerkbar macht, wenn sie so intensiv gearbeitet haben.

Ein weiterer Effekt wird an diesem Beispiel deutlich. Das Kind ist sehr motiviert, die Übung durchzuführen und immer wieder zu wiederholen. In der Motivationsforschung wird dies als intrinsische Motivation, d. h. Antrieb um der

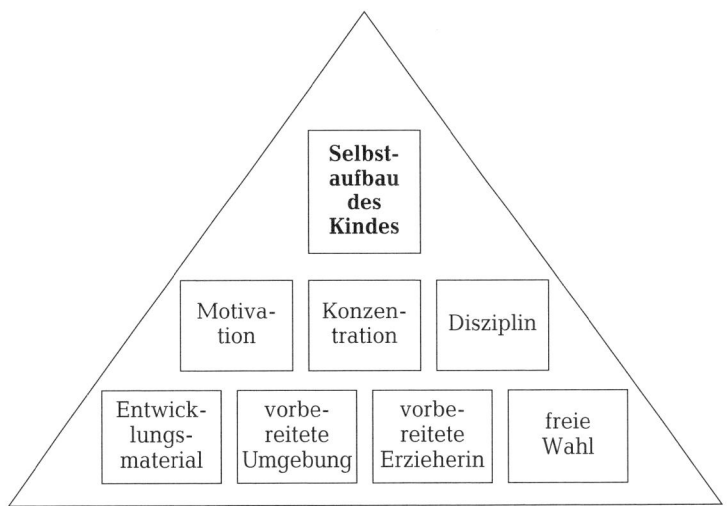

Abbildung 1: Die Grundgedanken der Montessori-Pädagogik

Sache selbst willen, bezeichnet. Nur diese Form der Motivation führt auf Dauer zu Lerninteresse.

Auch Disziplin, eine weitere Wirkung, wird hier deutlich. Disziplin wird als Kehrseite der freien Wahl gesehen. Disziplin stellt sich von selbst ein, wenn man Freiheit in Grenzen gewährt.

Der Ansatz von Maria Montessori – ein Modetrend oder langfristige Perspektive?

Kein reformpädagogisches Konzept ist so weit verbreitet wie das von Maria Montessori. Allein in der Bundesrepublik gibt es mehr als 300 Kinderhäuser, über 150 Grundschulen und immerhin 40 Sekundarschulen. Auch viele Förderschulen und Diagnose- und Förderklassen arbeiten nach ihrer Methode. Der Ansatz ist darüber hinaus weltweit verbreitet. In den letzten Jahren kann man einen regelrechten Boom der Montessori-Pädagogik feststellen. Neue Montessori-Einrichtungen werden gegründet, zahlreiche Veröffentlichungen sind insbesondere in den letzten drei bis fünf Jahren erschienen und Ausbildungskurse werden verstärkt angeboten, offensichtlich weil die Nachfrage entsprechend groß ist. Schließlich versuchen auch viele Regeleinrichtungen, Elemente der Arbeit nach Montessori in ihren Alltag zu integrieren. Ein Beispiel dafür ist die sogenannte Freiarbeit, die derzeit an Grundschulen umgesetzt wird. Es stellt sich die Frage: Was bietet der Ansatz, dass er sich so lange weitgehend unverändert hält und immer neue Anhänger findet? Ist er auch geeignet, Antworten auf aktuelle pädagogische Fragen und Probleme zu geben? Im Zusammenhang mit unserem Thema interessiert uns an dieser Stelle, ob der Ansatz von Montessori neue Wege im Bereich der Schulvorbereitung aufzeigen kann.

3 Vorbereitung auf die Schule – eine wichtige Aufgabe

Der Übergang vom Kindergarten in die Grundschule ist zweifellos ein wichtiger Schritt im Leben eines Kindes. Aus pädagogisch-psychologischer Sicht handelt es sich um eine typische Übergangssituation von einem Lebensbereich in einen anderen. Derartige Übergänge müssen im Laufe des Lebens immer wieder bewältigt werden, z. B. der Eintritt in den Kindergarten, Übertritt vom Kindergarten in die Grundschule, Wechsel der Schulart, Eintritt ins Berufsleben oder auch Geburt eines Geschwisterkindes, Eheschließung und die Gründung einer Familie. Die wissenschaftliche Forschung hat sich in den letzten fünf Jahren verstärkt mit Übergangssituationen befasst. Sie werden in der Fachliteratur unter den Begriffen Transitionen (= Übergänge) oder Diskontinuitäten (= Brüche) thematisiert und diskutiert. Ein Grund für das erhöhte Forschungsinteresse sind gesellschaftliche Veränderungen in allen Lebensbereichen, die zusätzliche Diskontinuitäten bewirken. In Zukunft werden neben den bisher bekannten Übergangssituationen weitere Übergänge zu bewältigen sein, wie z. B. Scheidung, Stieffamilien, beruflich bedingte Mobilität, zeitweilige Arbeitslosigkeit oder Armut, um nur einige zu nennen. Das Leben wird immer weniger vorhersagbar. Kinder und ihre Familien sind mit einer Vielzahl solcher Situationen konfrontiert und müssen diese meistern.

Übergangssituationen sind gekennzeichnet durch eine Reihe von Veränderungen und Entwicklungsaufgaben. Sie beinhalten einen Wandel des Selbstbildes, die Ausweitung oder Reorganisation von Beziehungen, eine Neudefinition der eigenen Rolle und Kompetenzgewinn. Auf den Übergang Kindergarten – Schule bezogen bedeutet dies:

- Das Kind gehört im Kindergarten jetzt zu den „Großen". Es wird ihm mehr zugetraut, bei Gruppenteilungen geht es mit den zukünftigen Schulkindern, es nimmt an den Angeboten speziell für die Vorschulkinder teil.
- Es setzt sich mit seiner zukünftigen Rolle auseinander z. B. im Spiel mit anderen Kindern oder in Gesprächen mit Erwachsenen oder älteren Kindern. Gleichzeitig distanziert es sich innerlich vom Kindergarten.
- Das Kind wird Freunde im Kindergarten zurücklassen und in der Schule neue Kontakte knüpfen.
- Auch von der Erzieherin nimmt das Kind Abschied, eine weitgehend unbekannte Lehrkraft wird in Zukunft die Betreuung übernehmen.
- Das Kind wird in der Schule neue Kompetenzen erwerben, nämlich Rechnen, Schreiben und Lesen lernen.
- Das Kind freut sich auf die Schule, hat aber u. U. gleichzeitig Angst vor der unbekannten Situation und Angst, den Anforderungen nicht zu genügen.

Da in dieser Zeit eine Reihe von Aufgaben gleichzeitig und in kurzer Zeit erfüllt werden müssen, spricht man hier auch von „verdichteten Entwicklungsanforderungen".

In der neueren psychologischen Forschung wird diesen Übergängen große Bedeutung beigemessen, da sie Chance und Risiko gleichzeitig beinhalten. Wird der Übergang gemeistert, so gehen positive Entwicklungsimpulse von der Situation aus. Schule bietet dann neue Lernanreize, Leistungsmotivation und Freude am Lernen können entwickelt werden. Gelingt es nicht, den Anforderungen gerecht zu werden, kann es zu mehr oder weniger schwerwiegenden Problemen kommen, Motivationsprobleme und Versagensängste können entstehen. Das Kind entwickelt u. U. eine ablehnende Einstellung zur Schule. Schlimmstenfalls wird die gesamte Schullaufbahn negativ beeinflusst. Untersuchungen aus den neunziger Jahren zeigen, dass immerhin 20 bis 25 % der Kinder eines Jahrgangs Probleme haben. Dabei häufen sich die Probleme eindeutig in den ersten beiden Grundschuljahren.

Im Kindesalter entstehen die Grundlagen für den Umgang mit weiteren Übergängen, es werden Strategien für spätere Lebensereignisse entwickelt. Werden im Kindesalter positive Erfahrungen gemacht, ist dies eine gute Voraussetzung für weitere positive Erfahrungen. Bei negativen Erlebnissen im Kindesalter dagegen steigt die Gefahr, dass weitere Übergangssituationen nicht angemessen bewältigt werden, um ein Vielfaches.

Pädagogische Begleitung ist in diesen Zeiten also besonders wichtig und effektiv, weil hier Basiserfahrungen gemacht werden. Die Vorbereitung auf die Schule ist also durchaus eine aktuelle pädagogische Aufgabe. Selbstverständlich sollten alle Beteiligten an der Gestaltung der Übergangssituation teilhaben. Unser Augenmerk richtet sich hier aber ausschließlich auf den Kindergarten und seine spezifischen Möglichkeiten der Gestaltung. Es stellt sich nun die Frage: Wie kann im Kindergarten der Übergang zur Schule vorbereitet werden?

Auch hier gibt uns die neuere psychologische Forschung Hinweise, insbesondere die Risikoforschung. Sie zeigt Risiken für die Entwicklung von Kindern auf, befasst sich auf der anderen Seite aber auch mit Schutzfaktoren. Inzwischen wurden Kompetenzen ermittelt, die Kinder befähigen, mit belastenden Situationen oder auch besonderen Anforderungen fertig zu werden. Übergänge können zu solchen belastenden Situationen gerechnet werden, da es sich um Ereignisse mit „verdichteten Entwicklungsanforderungen" handelt. Da viele unterschiedliche Anforderungen in relativ kurzer Zeit bewältigt werden müssen, lösen sie häufig starke Emotionen und Stress aus. Kompetenzen, die bei der Bewältigung hilfreich sind, werden als Basiskompetenzen oder Schlüsselkompetenzen bezeichnet. Es handelt sich dabei um Fähigkeiten, die grundsätzlich bei der Bewältigung von Übergängen gleich welcher Art von Bedeutung sind. Im einzelnen werden hier von Fachleuten (vgl. Fthenakis, 1998, 1999) genannt:

- intrinsische Motivation
- Selbstwirksamkeit
- Selbstregulierung
- Selbstorganisation
- Regelbewusstsein
- Empathie

Basiskompetenzen können erworben werden, wenngleich auch angeborene Faktoren wie z. B. das Temperament eine nicht unbedeutende Rolle spielen dürften. Nicht unerwähnt bleiben soll an dieser Stelle auch die Bedeutung der emotionalen Bindung an eine erwachsene Bezugsperson.

Übergänge gestalten mit Maria Montessori

In diesem Abschnitt sollen nun die Basiskompetenzen kurz erläutert und ihre Bedeutung für den Übergang vom Kindergarten in die Schule dargelegt werden. Anschließend werden wir die einzelnen Basiskompetenzen für das Arbeitsfeld Kindergarten konkretisieren und überlegen, inwiefern der Ansatz nach Montessori dazu beitragen kann, Basiskompetenzen zu fördern.

Kinder brauchen intrinsische Motivation

Intrinsische Motivation bedeutet, dass das Kind von sich aus, der Sache wegen an einer Tätigkeit oder an einem Thema interessiert ist und nicht weil Erwachsene es möchten, verlangen oder belohnen. Es besteht eine innere Bereitschaft, zu lernen und etwas zu leisten. Geht man davon aus, dass jeder Übergang eine Reihe von neuen Kompetenzen fordert, so ist intrinsische Motivation unabdingbar. Kinder müssen von sich aus bereit sein, Buchstaben zu lernen, sich mit Zahlen auseinander zu setzen usw. Man spricht in diesem Zusammenhang auch von der Schulbereitschaft eines Kindes. Intrinsische Motivation fördert darüber hinaus die Ausdauer und Konzentration. Wenn ein Kind von sich aus lernt, befasst es sich intensiv mit einer Sache oder einem Thema. Diese starke innere Beteiligung wiederum bewirkt Konzentration und Ausdauer, Fähigkeiten, die für schulisches Lernen große Bedeutung haben.

In der Motivationspsychologie werden im Wesentlichen drei Bedingungen für den Aufbau von intrinsischer Lern- und Leistungsmotivation genannt: eine kindzentrierte Selbstständigkeitserziehung, eine anregende Umwelt und die Passung von Aufgabenstellungen.

Zahlreiche Untersuchungen belegen den Zusammenhang von Selbstständigkeitserziehung und intrinsischer Motivation. Selbstständigkeit gilt als der Vorläufer von Leistungsmotivation. Entscheidend ist die kindzentrierte Selbstständigkeit, d. h. Kinder sollten bereits im Kindergarten-Alter einen gewissen Entscheidungsspielraum haben, ohne überfordert zu werden. Die freie Wahl bei Montessori bietet den Kindern die Möglichkeit, sich für ein bestimmtes Arbeitsmaterial zu entscheiden. Damit das Kind nicht überfordert ist und der positive Effekt ins Gegenteil umschlägt, gibt es bei Montessori die gut strukturierte und übersichtlich vorbereitete Umgebung. Damit wird Orientierung gegeben, die Auswahl erleichtert und letztlich die freie Wahl für dieses Alter erst möglich gemacht.

Eine gut strukturierte Umwelt ist gleichzeitig auch eine anregende Umwelt. Darüber hinaus gilt als anregend, wenn die angebotenen Materialien das Kind zum Handeln anregen. Kinder lernen im Kindergartenalter über die Handlung, durch den Umgang mit Dingen. Gleichzeitig wird dadurch auch die Intensität der Auseinandersetzung mit den Gegenständen gefördert. Die Montessori-Materialien sind alle auf Handlung ausgerichtet, insofern ist auch diese Bedingung voll erfüllt.

Weiterhin ist eine angemessene Aufgabenstellung entscheidend für den Aufbau von intrinsischer Motivation. Angemessen bedeutet: auf das individuelle Leistungsniveau des Kindes abgestimmt. Als günstig haben sich Aufgaben mit mittlerem Schwierigkeitsgrad erwiesen. Das Kind muss sich anstrengen, um die Aufgabe zu bewältigen, kann aber bei Anstrengung auch Erfolg haben. So werden Über- oder Unterforderung vermieden. Da Montessori zunächst von der Arbeit mit dem einzelnen Kind ausgeht, ist eine individuelle Passung der Aufgaben kein Problem. Material gibt es für jedes Lernniveau bzw. Materialien können verändert und genau an die Leistungsfähigkeit des Kindes angepasst werden.

Kinder brauchen das Bewusstsein von Selbstwirksamkeit

Kinder müssen das Gefühl und das Bewusstsein haben, ihre Umwelt in gewissem Maße kontrollieren, sie beeinflussen zu können. Ansonsten entsteht das Gefühl von Hilflosigkeit und Ohnmacht, was den Aufbau eines negativen Selbstbildes begünstigt. Kinder mit dem Bewusstsein von Selbstwirksamkeit fühlen sich unbekannten Situationen, wie z. B. Übergangssituationen, nicht hilflos ausgeliefert. Sie wissen, dass sie etwas bewirken können, sie können fragen, sich Hilfe holen, wenn sie diese brauchen. Dadurch werden der Stress der Übergangssituation und die emotionale Belastung verringert. Es bleibt bei allen Bedenken und Ängsten das Gefühl, die Situation zu beherrschen.

Auch hier ist die freie Wahl von entscheidender Bedeutung. Im Rahmen der vorbereiteten Umgebung kann sich das Kind nach seinen Vorlieben und Neigungen ein bestimmtes Material auswählen. Es kann bestimmen, wie lange es damit arbeitet, ob es sich an schwierigere Arbeiten traut oder ob es mit anderen Kindern zusammenarbeiten will. Es muss sich nicht einer Gruppe unterordnen, in der zwangsläufig ein unterschiedliches Leistungsniveau, Lerntempo usw. besteht.

Aber auch die Haltung oder besser gesagt Zurückhaltung der Erzieherin ermöglicht die Erfahrung von Selbstwirksamkeit. Sie gibt Hilfestellungen nur, wenn das Kind sie wirklich benötigt. Gemäß dem Motto von Maria Montessori: „Hilf mir, es selbst zu tun." Ein vorzeitiges Eingreifen verhindert nämlich die eigenständige Problemlösung. Gerade diese Erfahrung ist aber wichtig, damit das Kind sich selbst als „Problemlöser", als selbstwirksam fühlen kann.

Schließlich spielt auch die eingebaute Fehlerkontrolle im Material eine Rolle. Das Kind kann die Aufgabe ohne fremde Hilfe selbst lösen, auch wenn es mehrere Versuche und Korrekturen benötigt. Damit kann eine gewisse Unabhängigkeit von der Erzieherin erreicht werden.

Kinder brauchen Selbstorganisation

Hier sind die Fähigkeiten, sich zu entscheiden und die Arbeit zu organisieren, gemeint. Verantwortung für die eigene Arbeit zu übernehmen auch ohne ständige Kontrolle durch Erwachsene. Auch die Zeiteinteilung ist hier zu erwähnen. Das Kind soll sich auch langfristigeren Zielen zuwenden und nicht nur auf schnelle Bedürfnisbefriedigung und Erfolge ausgerichtet sein. Die Bedeutung für den Übergang bzw. für das schulische Arbeiten liegt auf der Hand. Kinder müssen in der Schule relativ schnell für ihre schulischen Arbeiten Verantwortung übernehmen. Sie müssen ihre Hefte gewissenhaft und ordentlich führen, Hausaufgaben zuverlässig erledigen und auf Schultasche, Federmäppchen, Turnsachen usw. Acht geben. In der Schule sind Ziele langfristig angelegt.

Neben der freien Wahl spielt hier die Haltung der Erzieherin eine besondere Rolle. Sie bietet dem Kind zunächst Tätigkeiten an und befähigt es dadurch, sich zurechtzufinden und selbst auszuwählen. Ist das Kind mit der Arbeitsweise vertraut, so hält sich die Erzieherin im Hintergrund. Das Kind organisiert die Arbeit selbst, von der Entscheidung für ein bestimmtes Material bis hin zum Aufräumen. Es lernt, sich einzuschätzen, was seine Leistungsfähigkeit und sein Lerntempo betrifft, und wählt sich entsprechende Materialien.

Durch die Handlungsorientierung des Materials erkennt das Kind Zusammenhänge und entwickelt eigene Ideen zur Übertragung in den Alltag. Kurzfristige Erfolge sind durch die Fehlerkontrolle gegeben. Gleichzeitig tritt der kurzfristige Erfolg in den Hintergrund, da Fehler nicht betont oder bewertet wird. So kann sich das Kind auf die Arbeit konzentrieren und eine Arbeitshaltung entwickeln.

Kinder brauchen Selbstregulation

Selbstregulation heißt für Kindergartenkinder, dass sie nicht überhöhte Ansprüche an sich selber stellen. Aber auch, dass sie bei einer Arbeit bleiben können und versuchen, diese ordentlich zu erfüllen und zu Ende zu bringen. Weiterhin geht es um den Umgang mit frustrierenden Erlebnissen, die einen negativen Einfluss auf das Selbstwertgefühl haben können. Misserfolge sind in Übergangssituationen nicht selten und müssen verkraftet werden. Kinder dürfen nicht gleich aufgeben oder den Mut verlieren.

Zunächst scheint diese Kompetenz für Kindergartenkinder viel zu hoch angesetzt. Dennoch sehen wir mit dem Ansatz von Montessori die Möglichkeit, diese Fähigkeit anzubahnen. Montessori versucht mit ihrem Konzept, Kindern über eine äußere Ordnung zu einer inneren Ordnung zu verhelfen. Durch die Arbeit mit den Materialien entwickelt das Kind Denkstrukturen, ordnet die Welt, die dann nicht mehr so chaotisch erscheint. Durch die Arbeit kommt es gleichzeitig zu einer Konzentration und inneren Ruhe. Die Welt außen herum wird vergessen, das Kind versinkt in der Tätigkeit und geht „erfrischt" daraus hervor. Damit wird dem Kind gewissermaßen die Möglichkeit zur inneren Distanz von belastenden Situationen geboten. Es findet durch die Arbeit zu sich selbst und hat nicht das Gefühl, von den Situationen überwältigt zu werden.

Die Passung des Materials hilft dem Kind bei seiner Selbsteinschätzung. Der Aufbau und die Struktur des Materials bieten geradezu ideale Möglichkeiten, sich verschiedenen Schwierigkeiten im kognitiven Bereich zu stellen. Das Kind kann sich verschiedene Materialien oder ein Material in verschiedenen Schwierigkeitsstufen suchen und erproben. Es kann solange üben, bis es den Lernschritt erfasst hat und zum nächst höheren Schwierigkeitsgrad weitergehen möchte. Hat es sich zuviel zugemutet, kann es jederzeit zurückgehen oder andere Materialien wählen. Dies führt auf Dauer auch zu einer besseren Einschätzung der eigenen Fähigkeiten.

Das Kind erfährt, dass es Situationen gibt, die keine Misserfolge bringen, aus denen es zufrieden herausgeht. Dies ist dann der Fall, wenn es sich bestimmte Materialien aussucht, nämlich diejenigen, die seinen Fähigkeiten entsprechen. Natürlich wird es dabei die Unterstützung der Erzieherin benötigen, die ihm Hinweise gibt oder Alternativen zeigt, die für das Kind machbar sind.

Auch die Bedeutung des Fehlers bei Montessori ist hier wichtig. Fehler sind dazu da, sich zu verbessern, sich erneut mit dem Material auseinander zu setzen. Sie sind nicht negativ besetzt, wie das sonst in allen gesellschaftlichen Bereichen üblich ist. Fehler bringen voran, sind entwicklungsfördernd. Auch die Erzieherin hat eine entsprechende Haltung und tritt infolgedessen anders an das Kind heran. Sie macht es nicht auf Fehler aufmerksam, versucht nicht durch Erklärungen im Vorfeld das Kind auf den richtigen Lösungsweg zu führen. Sie lässt Fehler einfach zu, damit verlieren sie ihren Schrecken. Das Kind ist nicht genötigt, Fehler zu verbergen oder ein Material zu meiden, weil es das noch nicht beherrscht. Damit hat es mehr Möglichkeiten, zu einer realistischen Selbsteinschätzung zu gelangen.

Kinder brauchen Regelbewusstsein

Regeln erleichtern das Zusammenleben. Sie geben Orientierung und Sicherheit. Für Kinder ist es zunächst bedeutsam, Regeln zu erkennen und sich an Regeln zu gewöhnen, sie einzuhalten. Auch in der Schule gibt es eine Reihe von Regeln. Wer gegen die Regeln verstößt, muss in der Schule mit Sanktionen rechnen, die schwerwiegender sind als im Kindergarten. Hat das Kind eine Vorstellung von den

Regeln im Kindergarten entwickelt, so fällt es ihm leichter, sich in der Schule einzufügen, Regeln zu erfüllen. Selbstverständlich gibt es auch bei der Arbeit nach Montessori eine Reihe von Regeln. Beispiele dafür sind: Es wird etwas gearbeitet, in einem bestimmten Zeitrahmen, die Materialien werden pfleglich behandelt, Hilfe wird nur gesucht, wenn man sie wirklich braucht usw. Allerdings ist der Ansatz, Regeln zu vermitteln, ein völlig anderer. Disziplin und Freiheit sind zwei Seiten einer Medaille. Freie Wahl ermöglicht Freude an der Arbeit, das Kind bleibt von sich aus bei der Arbeit. Es lassen sich sogar häufige Wiederholungen beobachten, was bei vorgegebenen Tätigkeiten eher selten der Fall ist. Regeln werden schneller verinnerlicht, Erinnerung oder gar Tadel erübrigen sich meist.

Neben der freien Wahl ist das Lernen am Modell von Bedeutung. Regeln werden von der Erzieherin, aber auch von anderen Kindern vorgelebt, nicht als Appell an die Kinder herangetragen. Dies entspricht der Altersstufe des Kindergartens und ist deshalb vielleicht besonders wirksam.

Die Regel, mit den Materialien sorgsam umzugehen, wird durch die Beschaffenheit des Materials erleichtert. Das Material ist schön, es wird dementsprechend pfleglich behandelt.

Kinder brauchen Empathie

Empathie bedeutet, sich in andere einfühlen, für andere Verständnis aufbringen zu können. Bereits Kindergartenkinder können einen Ausgleich zwischen Geben und Nehmen praktizieren, auch wenn sie sich nicht immer in den anderen hineinversetzen können. Sie können eigene Spielideen durchsetzen, aber sich auch den Ideen der anderen unterordnen, selbst etwas erzählen, aber auch zuhören, etwas für sich behalten, aber auch teilen. Kinder, die diese

Fähigkeiten beherrschen, sind von Gleichaltrigen anerkannt und in der Gruppe beliebt. Kinder, die sich in einer Gleichaltrigengruppe angenommen fühlen, bewältigen schwierige Situationen und Krisen leichter als abgelehnte Kinder. Sie erfahren von den Gleichaltrigen emotionale Unterstützung in schwierigen Situationen. Also ist auch diese Fähigkeit für den Übertritt in die Schule wichtig. Ein weiterer Vorteil ist, dass Kinder mit diesen Fähigkeiten auch in neuen Gruppen schnell Anschluss finden und deshalb weniger unter der neuen Situation leiden. Auch das ist für den Übertritt wichtig, denn viele Kinder lassen Freunde im Kindergarten zurück und müssen in der Schule neue Kontakte knüpfen.

Dem Ansatz von Maria Montessori wird häufig der Vorwurf gemacht, er vernachlässige die soziale Erziehung und blende damit ein wichtiges, aktuelles Thema aus. Dieser Vorwurf ist so nicht haltbar. Montessori hat sich mit der Sozialerziehung auseinandergesetzt, diesem Aspekt sogar einen außerordentlich hohen Stellenwert beigemessen. Allerdings sieht sie soziale Erziehung weniger als spezifische pädagogische Aufgabe oder als methodisches Problem. Sie misstraut Belehrungen oder gezielten Maßnahmen zur Sozialerziehung, da diese nur an der Oberfläche bleiben. Soziale Erziehung muss tiefer ansetzen, die Kinder müssen eine entsprechende Haltung entwickeln. Montessori geht davon aus, dass dies durch ihren Ansatz indirekt bewirkt wird. Kerngedanke dabei ist die Konzentration. Das Kind beschäftigt sich mit einer Sache so intensiv, dass es um sich herum alles vergisst. Diese Konzentration hat positive Auswirkungen auf die Persönlichkeitsentwicklung des Kindes, z. B. entstehen Eifer, Disziplin usw. Die Kinder schöpfen aus einer solchen Arbeit Zufriedenheit. Damit sind sie in der Lage, auch auf andere zuzugehen, sie zeigen Respekt, Geduld und geben Hilfe. Fehlt die Konzentration, kommt es zu Problemen. Im Bereich der Persönlichkeit treten z. B.

Passivität und Unstetigkeit auf, im sozialen Bereich ist zu starke Ich-Bezogenheit zu beobachten.

Neben dieser indirekten Sozialerziehung beschreibt Montessori aber auch einige direkte Maßnahmen. Die Altersmischung in den Kinderhausgruppen aber auch in der Schule hat u. a. sozialerzieherische Gründe. Sie soll Konkurrenzkampf und Wettstreit verhindern und gegenseitige Unterstützung und Hilfeleistung fördern. Hinzu kommt ein Aspekt, den Montessori als „geistige Osmose" bezeichnet. Kinder denken anders und können sich deshalb gegenseitig Sachverhalte besser erklären. Auch die Tatsache, dass jedes Material nur einmal pro Gruppe vorhanden ist, hat u. a. einen sozialerzieherischen Hintergrund. Es werden dadurch soziale Tugenden wie Respekt und Geduld gefördert. Die Kinder müssen auf ein Material warten, müssen sich mit anderen Kindern absprechen. Einige Materialien sind für zwei oder mehrere Kinder konzipiert oder eignen sich für gemeinsame Arbeiten, z. B. die Farbtäfelchen. Schließlich sind die Übungen des täglichen Lebens zu erwähnen. Hier geht es zunächst um die Selbstständigkeit des einzelnen Kindes, gleichzeitig werden so aber Voraussetzungen für ein geordnetes soziales Leben geschaffen, z. B. durch die Stilleübungen.

Bei Montessori steht das Kind im Mittelpunkt. Sie versucht mit ihrer Methode, Bedürfnisse und Fähigkeiten, die in Kindern stecken, zu entfalten und zu fördern. Basiskompetenzen werden nicht mit Hilfe eines bestimmten Programms oder Projektes entwickelt, sondern entstehen durch die Methode. Hier wird nochmals deutlich, dass Montessoris Ansatz weit mehr beinhaltet als das bekannt gewordene Material. Durch den Ansatz kann es gelingen, die abstrakt formulierten Basiskompetenzen auf der Ebene des Kindergartens zu konkretisieren und entsprechend umzusetzen. Unterschiede der Lebenssituationen werden hier nicht verwischt, sondern bewusst wahrgenommen und pädagogisch begleitet. Insbesondere das individuelle Vorgehen und die Handlungsorientierung erscheinen uns für die Altersstufe und die benötigten Basiskompetenzen angemessen. Der Ansatz nach Montessori ist damit unserer Meinung nach sehr gut geeignet, die pädagogische Aufgabe der Gestaltung von Übergängen, insbesondere des Übertritts vom Kindergarten in die Grundschule, zu bewältigen. Hier wird dem Kindergarten die Möglichkeit eröffnet, gezielt auf die Schule vorzubereiten und gleichzeitig seine Eigenständigkeit als Institution zu wahren.

4 Vorbereitung auf die Schule mit gezielt ausgewählten Materialien

Bisher wurden ausschließlich Selbst- und Sozialkompetenzen angesprochen, die wichtig sind für Übergangssituationen. Diese sind sicherlich von großer Bedeutung, aber sie reichen nicht aus, um den Übergang vom Kindergarten zur Grundschule zu bewältigen. Auch im Bereich der schulischen Inhalte, also auf der Ebene der Sachkompetenzen, wird das Kind mit neuen Anforderungen konfrontiert. Da diese in engem Zusammenhang mit dem Montessori-Material stehen, sollen sie auch in diesem Kapitel mit abgehandelt werden.

Kinder brauchen Einstiegswissen

Lesen, Schreiben und Rechnen lernen sind Prozesse, die bereits vor der Schule beginnen. Schule fängt keineswegs am Nullpunkt an, sondern baut auf Erfahrungen und Entwicklungsfortschritten des Kindergartenkindes auf. Für einen erfolgreichen Schulstart brauchen Kinder Einstiegswissen und -können, d. h. Wissen und Können, das weiteres Lernen in der Schule erst ermöglicht oder erleichtert. Es geht dabei um die Voraussetzungen für schulisches Lernen, nicht darum, den Kindergarten zu verschulen oder schulische Inhalte vorwegzunehmen, wie das in den 60er Jahren der Fall war.

Ein Beispiel kann dies verdeutlichen: Schreibbewegungen bestehen aus Grundbewegungen wie z. B. Linien, Kurven usw. Werden diese Bewegungen nicht einigermaßen sicher beherrscht, muss sich das Kind darauf konzentrieren und ist abgelenkt von der eigentlichen Aufgabe, einen Buchstaben zu lernen und zu schreiben. Dies kann sehr schnell dazu führen, dass Schreiben als anstrengender und nicht besonders Erfolg versprechender Prozess empfunden wird.

Einstiegswissen und Können stecken im Montessori-Material. Die einzelnen Lernschritte werden deshalb bei den entsprechenden Materialien unter dem Punkt „geübte Fähigkeiten" abgehandelt. Auf der Sachebene kommt es entscheidend darauf an, mit welchem Material gearbeitet wird. Durch ein bestimmtes Material wird ein ausgewählter Lernschritt gezielt angestrebt. Auf der Ebene der Selbst- und Sozialkompetenz dagegen ist wichtiger, dass nach dem Konzept gearbeitet wird, mit welchem Material das geschieht, ist dabei eher zweitrangig. Material und Methode sind jedoch untrennbar miteinander verknüpft, so dass sich beim Schwerpunkt „sachstrukturiertes Lernen" gleichzeitig ein positiver Nebeneffekt auf der Ebene der Selbst- und Sozialkompetenz ergibt.

Viele Kinder bringen Einstiegswissen und -können in ausreichendem Maße mit und haben entsprechende Entwicklungsfortschritte bereits gemacht. Ihnen reicht das Angebot des Kindergartens oft nicht mehr aus. Sie suchen neue Herausforderungen und wollen systematisch lernen. Auf den ersten Blick erscheint es so, dass sie keine Vorbereitung mehr benötigen. Aber auch sie profitieren von der Arbeit mit dem Montessori-Material. Mit Hilfe des Materials können sie Erkenntnisse vertiefen und erweitern. Die Selbsttätigkeit und die Struktur des Materials ermöglichen ein tiefes Eindringen in den Sachverhalt. Eine Fähigkeit, die für die Schule nötig ist, in unserer schnelllebigen Zeit aber kaum mehr geübt wird. Da das Material systematisch aufgebaut ist, entspricht es den Bedürfnissen der

Kinder. Sie können ihre eigenen Lernfortschritte erkennen und ihr Wissen gezielt erweitern. Wache, interessierte Kinder sind auch gerne bereit, schwächeren Kindern zu helfen. Dadurch haben sie ebenfalls einen Vorteil. Um einen Sachverhalt zu erklären, muss man ihn gut verstanden haben und zusätzlich aufbereiten können.

Viele Kinder interessieren sich auch schon einige Zeit vor der Schule für Zahlen und Buchstaben, möchten schreiben, lesen und rechnen. Oft haben sie bereits Erfahrungen mit Buchstaben und Zahlen, die sie von zu Hause mitbringen. Auch hier geht es zumeist um Vorläuferfunktionen, z. B. um Mengenbegriffe, nicht aber um Rechenprozesse. Erzieherinnen befürchten, wenn sie diesem Interesse nachgeben, den Kindergarten zu verschulen. Es ist jedoch ein Unterschied, ob allen Kindern Buchstaben und Zahlen angeboten werden und sie entsprechende Übungen machen sollen oder ob man dem Interesse von einzelnen Kindern entgegen kommt. Wir meinen, das Interesse der Kinder sollte aufgegriffen werden. Das würde auch der Idee des situationsorientierten Arbeitens entsprechen, sich an den Bedürfnissen der Kinder zu orientieren. Im Materialteil werden also auch Zahlen und Buchstaben enthalten sein.

Manchmal haben Kinder kleinere Entwicklungslücken, die im Kindergarten gar nicht auffallen, in der Schule aber dann zum Problem werden können. Sollte das der Fall sein, ist die Arbeit nach Montessori dazu geeignet, diese Entwicklungslücken aufzudecken und mit Hilfe gezielt eingesetzter Materialien zu fördern.

Kinder im selben Alter befinden sich nicht zwangsläufig auch auf demselben Entwicklungsstand. Durch ihre ganz persönliche Lebensgeschichte bedingt bestehen oft relativ große Unterschiede. Unterschiedliche soziale Lebensformen und die Herkunft aus anderen Kulturkreisen verstärken diese Tendenz in den letzten Jahren zusätzlich.

41

Der Kindergarten kann sich an der individuellen Lernge-
schichte und am Können des einzelnen Kindes orientieren.
Durch die Altersmischung und die verschiedenen Spiel-
möglichkeiten kann jedes Kind ein Spiel oder Spielkame-
raden finden, die ihm persönlich entsprechen. Bei Angeboten werden die Gruppen nach den entsprechenden Fähigkeiten eingeteilt. Es erfolgt keinerlei Bewertung von
Tätigkeiten, so dass auch individuelle Leistungen gelobt
werden, auch wenn sie nicht dem durchschnittlichen Entwicklungsstand entsprechen. In der Schule sind alle etwa
im gleichen Alter und es wird angenommen, dass sie deshalb auch etwa die gleichen Fähigkeiten und Fertigkeiten
mitbringen. Auch wenn Schule in den letzten Jahren verstärkt individualisiertes Lernen eingeführt hat, so bleibt
doch ein großer Teil allgemeiner Unterricht. Der Lehrer vermittelt für alle denselben Stoff, meist auf dieselbe Weise
innerhalb einer bestimmten Zeit. Das erste Mal im Leben
werden Leistungen des Kindes direkt mit den Leistungen
von anderen Kindern verglichen und bewertet. Zwar gibt
es in den ersten Jahrgangsstufen keine Noten, die meisten Kinder wissen aber ziemlich genau, wo sie stehen. Kinder, die nicht ein gewisses Mindestniveau erreichen, werden in der Schule Probleme haben. Möglichkeiten des
Spiels im Kindergarten reichen bei ihnen oft nicht aus, einen entsprechenden Anschluss an die altersgerecht entwickelten Kinder zu erreichen. Bei diesen Kindern geht es
zunächst darum, die Probleme genau zu erfassen und zu
beschreiben. Nur dann können sie auch gezielt angegangen werden.

Mit dem Ansatz von Montessori und ihren unterschiedlichen Materialien ist es möglich, dem Entwicklungsstand
des Kindes genau entsprechende Materialien anzubieten.
Hat das Kind den Lernschritt verinnerlicht, ist es bereit für
den nächst schwierigeren Schritt. So wird Üben auf fal-
schem Niveau verhindert. Das Kind übt nicht, was es nicht

kann, sondern was es kann. Der Schwierigkeitsgrad kann allmählich erhöht werden, entweder durch unterschiedliche Materialien, die aufeinander aufbauen, oder durch Variationen innerhalb ein und desselben Materials. So kann der Anschluss an den Durchschnitt gezielter angegangen werden. Wobei zu erwähnen ist, dass nicht alle Kinder alles gleichermaßen gut beherrschen müssen, aber doch ein gewisses Niveau erreichen sollten, um mit schulischen Anforderungen zurecht zu kommen. Eventuell ist aber auch eine Einzelförderung oder eine Einschulung in eine Sondereinrichtung in Erwägung zu ziehen.

Mehr Zeit für Beobachtung

Im Gruppenalltag des Kindergartens bleibt oft nur Zeit für eine unsystematische Beobachtung. Es werden allgemeine Erkenntnisse gewonnen über Temperament, Selbstbewusstsein oder Selbstständigkeit des Kindes. Auch Probleme fallen auf, können aber nicht differenziert beschrieben werden. Die Arbeit nach Montessori setzt die Erzieherin, nach der Einführungsphase, frei für gezielte Beobachtungen. Gerade im Hinblick auf die Einschulung ist dies von Bedeutung. Auf diese Weise können genauere Informationen über Voraussetzungen wie akustische Differenzierungsfähigkeit, Merkfähigkeit, Auge-Hand-Koordination etc. gewonnen werden. Dabei geht es darum herauszufinden, was das Kind gut kann und in welchen Bereichen eventuell Schwierigkeiten bestehen bzw. welche Probleme genau vorliegen. Dies ist die Grundlage für erzieherisches Handeln. Aufgrund der Beobachtungen kann festgelegt werden, welche Angebote für das Kind geeignet, welche Hilfestellungen notwendig sind. Wir möchten ausdrücklich betonen, dass es nicht darum geht, die Arbeit von Heilpädagogen oder Ergotherapeuten zu über-

Name ——————— **Alter** ——— **Datum** ———

Das Kind hat folgende Arbeit selbst gewählt

Das Kind wurde zu folgender Arbeit motiviert

Dauer der Arbeit

bis 5 Minuten	5 bis 10 Minuten	11 bis 15 Minuten	16 bis 20 Minuten	mehr als 20 Minuten
○	○	○	○	○

Grad der Konzentration

leicht ablenkbar ——————————————— sehr konzentriert
(zerfahren, leicht ermüdend, verträumt)

Die Arbeit entspricht der richtigen Darbietung   ja ◯   nein ◯

Das Kind hat den Lernschritt erfasst und kann ihn auf andere Dinge übertragen. Beispiel:

Planung für weitere Arbeit

Welche Materialien/Variationen könnten noch angeboten werden?

Wo wird Unterstützung benötigt?

Beobachtungen während der Arbeit mit Montessori-Material im Vergleich zum allgemeinen Arbeits- und Spielverhalten

Ähnlichkeiten

Unterschiede

nehmen. Jede Erzieherin sollte sich jedoch ein eigenes Bild machen und einschätzen können, ob eine gezielte Einzelförderung nötig ist oder nicht. Dazu ist aber eine gezielte Beobachtung über einen längeren Zeitraum notwendig. Da wir diesen Aspekt für äußerst bedeutsam halten, haben wir einen Beobachtungsbogen entworfen, der als Kopiervorlage verwendet werden kann.

Mit der Möglichkeit zur gezielten Beobachtung ist ein weiterer Vorteil verbunden. Die Informationen können Grundlage für ein Elterngespräch zum Thema Einschulung sein. Eltern sind häufig in Sorge wegen der bevorstehenden Einschulung. Sie haben das Gefühl, nun entscheidende Weichen für das zukünftige Leben des Kindes zu stellen. Sie fragen bei Erzieherinnen nach der Schulfähigkeit, wissen nicht, wie sie ihr Kind unterstützen können. Oft sind sie auch verunsichert, weil der eine Kindergarten Vorschulmappen oder Arbeitsblätter hat, der andere nicht. Die differenzierten Informationen aus der gezielten Beobachtung erleichtern das Elterngespräch. Die Erzieherin kann erläutern, welche Angebote sie aufgrund der Beobachtungen macht und evtl. Hinweise für Arbeiten zu Hause geben. Dafür sind Eltern sehr dankbar. Gleichzeitig wird die Arbeit der Erzieherin für die Eltern transparenter und leichter nachvollziehbar.

Ausgewählte Materialien und Übungen aus der Praxis

In diesem Abschnitt sollen nun gezielt ausgewählte Materialien für angehende Schulkinder vorgestellt werden. Ausgesucht haben wir Materialien, die in den Einrichtungen verwendet werden, also Erfahrungen damit vorliegen. Dabei wollten wir gleichzeitig verschiedene Lernbereiche abdecken. Dies sind Motorik, Wahrnehmung und Denken, wobei der Schwerpunkt im Bereich der Wahrnehmungs-schulung liegt. Zum einen, weil Montessori für diesen Bereich sehr viele Materialien entwickelt hat, zum anderen weil diesem Entwicklungsbereich enorme Bedeutung für schulische Leistungen zukommt. Andere Bereiche, z. B. Sprache, wurden weitgehend vernachlässigt, da im Regelkindergarten in diesem Bereich vielfältige Angebote gemacht werden. Schließlich spielte auch ein praktischer Gesichtspunkt bei der Auswahl eine Rolle. Die Materialien sind einigermaßen leicht selbst herzustellen oder günstig zu erwerben.

Wir unterscheiden dabei drei verschiedene Arten von Materialien: die Originalmaterialien, sogenannte adaptierte Materialien (auch Zusatzmaterialien genannt) und handelsübliche Materialien, die sich an den Prinzipien von Montessori orientieren.

Bis vor wenigen Jahren hatte die Firma Nienhuis das Monopol für die Originalmaterialien. Sie stellt sehr hochwertig verarbeitete Teile her, deshalb ist der Preis dieser Produkte ziemlich hoch und nicht für jede Einrichtung erschwinglich. Inzwischen, nach der Aufhebung des Monopols, bieten auch Versandhändler für Kindergartenbedarf Materialien etwas günstiger an. Diese Materialien sind dann aber einfacher verarbeitet, z. B. nicht farbig lackiert. Einige der Materialien sind sicherlich auch ohne großen Aufwand selbst herzustellen, z. B. die Sandpapierbuchstaben. Dabei sollte aber unbedingt auf Genauigkeit und gute Verarbeitung geachtet werden. Dies ist wichtig für die Fehlerkontrolle und den Aspekt der Ästhetik.

Erzieherinnen und Lehrkräfte, die nach Montessori arbeiten, haben immer wieder neue Materialien entwickelt. Adaptierte Materialien sind solche, die nicht von Montessori selbst entwickelt wurden, aber ihren Prinzipien, wie z. B. Reduzierung auf das Wesentliche, Handlungsorientierung usw., entsprechen. Werden die Grundsätze nicht ausreichend berücksichtigt, besteht allerdings die Gefahr der Verwässerung des Ansatzes. Adaptierte Materialien bieten den Kindern einer Einrichtung mehr Vielfalt und damit mehr Auswahlmöglichkeit. Insbesondere für Schulkinder, die bereits gelernt haben auszuwählen und die bestimmte Vorlieben haben, erscheint diese Vielfalt sogar geboten. Hinzu kommt ein praktischer Gesichtspunkt. Es handelt sich meist um Materialien, die aus der praktischen Erfahrung von Erzieherinnen und Lehrkräften entstanden sind. Das bedeutet, daß sie ganz speziell an die Bedürfnisse der Kinder in der Gruppe angepasst sind.

Derzeit wird im Handel eine Flut von Lernmaterialien angeboten, u. a. auch speziell für die Vorbereitung auf die Schule. Viele dieser Materialien sind nicht unbedingt geeignet, da sie unübersichtlich sind, mehrere Lernschritte gleichzeitig beinhalten und durch spielerische Aufbereitung vom Wesentlichen ablenken. Der hauptsächliche Kritikpunkt ist aber, dass diese Materialien häufig visuell-kognitiv orientiert sind, der Handlungsaspekt jedoch fehlt. Dies ist dem Entwicklungsstand des Vorschulkindes nicht angemessen. Einige der handelsüblichen Materialien entsprechen aber Grundsätzen von Montessori oder müssen nur leicht abgewandelt werden. Solche Materialien stellen wir in diesem Abschnitt ebenfalls vor. Aus praktischen Gesichtspunkten haben wir folgende Vorgehensweise gewählt:

- Zunächst werden Materialien beschrieben und mit Bild oder Skizze vorgestellt.
- Dann wird eine genaue Arbeitsanleitung gegeben, eventuell werden Variationen sowie Übertragungsmöglichkeiten erklärt.
- Abschließend wird auf die geübten Fähigkeiten, also die einzelnen Lernschritte und ihre Bedeutung für schulisches Lernen, eingegangen. Es wird erklärt, welche Komponenten schulischen Lernens speziell mit einem

Material gefördert werden können. Dabei beschränken wir uns auf einen oder zwei Schwerpunkte, obwohl mit Hilfe eines Materials auch weitere Effekte erzielt werden können.

Bevor wir die einzelnen Materialien beschreiben, möchten wir aber noch kurz auf die Rolle des Arbeitsteppichs als Grundlage für die Arbeit mit dem Montessori-Material eingehen.

Der Arbeitsteppich

Die meisten Tätigkeiten werden auf einem Arbeitsteppich ausgeführt, der den Arbeitsplatz des Kindes begrenzt. Gleichzeitig wird Ablenkung vermieden, da nur das gewählte Material auf dem Teppich liegt. Die Fähigkeit, seinen Arbeitsplatz strukturiert und ordentlich zu halten, erleichtert es dem Kind, später in der Schule zurecht zu kom-

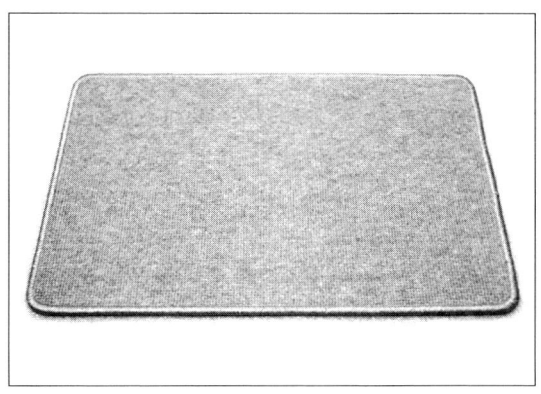

Abbildung 2: Der Arbeitsteppich

men. Diese Teppiche wurden von Montessori selbst eingeführt. Die Originalteppiche sind relativ groß und teuer. Im Kindergarten hat es sich als praktisch erwiesen, kleinere Teppichbodenstücke zu verwenden. Diese sind für die Kinder leichter zu handhaben. Wird eine größere Fläche benötigt, so können zwei kleine Teppiche zusammengelegt werden. Dafür kann man Teppichboden-Reststücke mit der gleichen Farbe einfassen lassen, so dass ein sauberer Rand entsteht. Die Farbe des Teppichs sollte mit der Farbe des Materials harmonieren. Lediglich für Arbeiten mit Stiften und mit Wasser wird keine Teppich-Unterlage verwendet.

Entwicklungsbereich Motorik

Die motorische Leistung des Schulkindes ist das Schreiben. Als graphomotorische Leistungen werden alle Bewegungen bezeichnet, die für das Schreiben von Bedeutung sind.

◈ Die metallenen Einsatzfiguren – kleinräumige Bewegungen

Materialbeschreibung: Das Material gehört zu den Originalmaterialien. Es besteht aus 10 quadratischen Metallrahmen mit den entsprechenden Einsatzfiguren. Die Rahmen sind rosa lackiert, die Einsätze blau. Rahmen und Einsätze liegen auf zwei Holzständern. Weiterhin gehören dazu Buntstifte in drei verschiedenen Farben, Papier sowie eventuell eine feste Unterlage.

Arbeitsanleitung: Die Erzieherin nimmt zunächst einen Metallrahmen heraus und legt ihn auf das Papier. Sie hält den Rahmen mit einer Hand fest und fährt mit der anderen Hand (Schreibhand) den inneren Umriss mit einem Buntstift nach. Der Rahmen wird zurückgelegt und der passende Einsatz genau auf die gezeichnete Figur gebracht. Nun wird der äußere Umriss mit einer zweiten Farbe nachgefahren. So erhält man eine zweifarbige Kontur. Diese ist gleichzeitig die visuelle Fehlerkontrolle. Anschließend wird mit der dritten Farbe die entstandene Figur schraffiert oder ausgemalt. Dabei ist auf die Einhaltung des Randes zu achten.

Geübte Fähigkeiten: Schreiben erfordert kleinräumige, zielgerichtete Bewegungen, die eine gute Steuerung und Kontrolle von Hand und Fingern voraussetzt. Neben der Stifthaltung mit dem Drei-Finger-Griff müssen Grundbewegungen wie Linien, Kurven, Auf– und Abbewegungen, Absetzen und Neubeginn beherrscht und miteinander verbunden werden können. Dabei ist der Raum begrenzt durch Zeilen. Das Vorschulkind und der Schulanfänger haben damit noch Schwierigkeiten. Die Bewegungen sind

Abbildung 3: Metallene Einsatzfiguren

großräumig, weil sie noch aus dem Unterarm kommen. Bewegungen aus dem Handgelenk gelingen erst mit der Zeit. Schule berücksichtigt dies, indem die Zeilenabstände in der ersten Klasse noch weiter gefasst sind. Schreibbewegungen werden mit Hilfe dieses Materials geübt, aber noch mit Führung. Das erleichtert die Steuerung aus dem Handgelenk und den Fingern und ermöglicht gleichzeitig einen angemessenen Schreibdruck. Beim Schraffieren bzw. Ausmalen übt das Kind, vorgegebene Grenzen einzuhalten. Da Striche von einer Seite zur anderen leichter sind als Ausmalen, sollte damit begonnen werden.

Übertragbarkeit: Ausmalbücher und Mandalas mit selbst gewählten Farben zu gestalten macht Kindern in der Regel großen Spaß. Die Ausmalbücher waren lange Zeit verpönt, da sie meist als kitschig beurteilt wurden. Malen sollte zudem mit Kreativität zu tun haben, diese Bücher konnten aber eher als Hemmnis für die Kreativitätserziehung gelten. Unser Ziel ist es hier, kleinräumige Bewegungen einzuüben, Grenzen einhalten zu können usw. Dafür sind Ausmalbücher sehr gut geeignet, zumal man heutzutage durchaus schöne, ansprechende Bücher findet. Mandalas sind in den letzten Jahren regelrecht in Mode gekommen und werden von Erzieherinnen und Kindern als Malübung gerne verwendet. Kopiervorlagen gibt es im Fachhandel zahlreich und preisgünstig.

◆ *Sandpapierbuchstaben/Sandpapierziffern – korrekte Schreibbewegung*

Materialbeschreibung: Beide Materialien gehören zu den Originalmaterialien. Auf farbig lackierten Holztäfelchen sind Buchstaben oder Ziffern aus hellem Sandpapier aufgeklebt. Die Vorgehensweise ist für beide gleich.

Arbeitsanleitung: Am Beispiel der Buchstaben zeigen wir, wie das Material eingeführt werden kann: Die Erzieherin wählt einen Buchstaben aus und legt ihn vor sich hin, z. B. das „A". Nun fährt sie mit Zeigefinger und Mittelfinger den Buchstaben nach und spricht dazu „Aaa". Beim Sprechen von Konsonanten ist darauf zu achten, dass kein „e" angehängt wird, es wird als „B" oder „D" gesprochen, nicht „Be" oder „De". Kinder können sonst durcheinander kommen. Die Erzieherin wiederholt den Vorgang mehrere Male und gibt den Buchstaben dann an das Kind weiter. Motivierend und sinnvoll ist es, Buchstaben auszuwählen, die das Kind zum Schreiben und Lesen des eigenen Namens benötigt. Manche Kinder wollen aber auch bestimmte Buchstaben lernen, z. B. um der Mama oder dem Opa einen Brief zu schreiben. Am besten beginnt man mit großen Druckbuchstaben. Sie sind für Kinder leichter zu erfassen und nachzuschreiben. Die Kontrolle besteht hier darin, die raue Fläche zu fühlen. Kommt das Kind vom eigentlichen Buchstaben ab, so fühlt es die glatte Holztafel.

Abbildung 4: Sandpapierziffern

Geübte Fähigkeiten: Die Schreibbewegung der Buchstaben zu erlernen, ist das wesentliche Ziel dieses Materials. Es ist wichtig, dass das Kind an der richtigen Stelle des Buchstabens mit der Bewegung beginnt. Manche Kinder schreiben formschöne Buchstaben, beginnen aber in verkehrter Richtung. Spätestens wenn die Kinder Schreibschrift lernen, wird die falsche Bewegung problematisch, denn dadurch wird der Schreibfluss immer wieder unnötig unterbrochen. Hat sich die Bewegung aber erst eingeschliffen, ist sie nur schwer korrigierbar. Deshalb ist es sinnvoll, von Anfang an auf die richtige Abfolge der Bewegungen zu achten. Mit Hilfe der Sandpapierbuchstaben wird dies wie von selbst richtig geübt. Zur Unterstützung können kleine Pfeile für die Schreibrichtung aufgeklebt werden, so dass auch ohne Erzieherin die Bewegungen in der richtigen Abfolge gelingen.

Übertragbarkeit: Die Buchstaben können zunächst mit einem nassen Schwämmchen, das weichere Bewegungen mit weniger Druck erlaubt, und später mit Kreide an einer Tafel geübt werden. Auch auf einem Tablett mit Sand oder einem Sandkasten ist die Übung der Bewegung sinnvoll. Schließlich können die Kinder ihren Namen auf ihre Bilder oder Bastelarbeiten schreiben.

◆ Pipette – Stifthaltung

Materialbeschreibung: Es handelt sich um adaptiertes Material. Eine Pipette (erhältlich in der Apotheke), ein Glas mit gefärbtem Wasser, saugfähiges Papier, Unterlage für das Papier.

Arbeitsanleitung: Die Einführung erfolgt durch die Erzieherin. Die Erzieherin greift die Pipette am Sauggummi und achtet besonders auf den Griff Daumen – Zeigefinger – Mittelfinger, entsprechend der korrekten Stifthaltung. Durch leichtes Drücken des Sauggummis kann etwas von dem Farbwasser angesaugt werden. Die Pipette wird dann über das Papier geführt, und durch leichte Druckbewegungen können Wasserstriche oder Formen auf das Papier gebracht werden.

Geübte Fähigkeiten: Die Haltung der Pipette mit dem Drei-Finger-Griff ist eine indirekte Vorbereitung für die richtige Stifthaltung. Dabei ist darauf zu achten, dass der Fingernagel nicht weiß wird. Dies würde bedeuten, dass die Kraft zu stark dosiert ist. Durch den erforderlichen Umgang mit dem Sauggummi der Pipette – Ergreifen, Halten und Loslassen – kann sich das Kind darin üben, die Hand leicht und locker zu halten und den Kräftedruck zu dosieren.

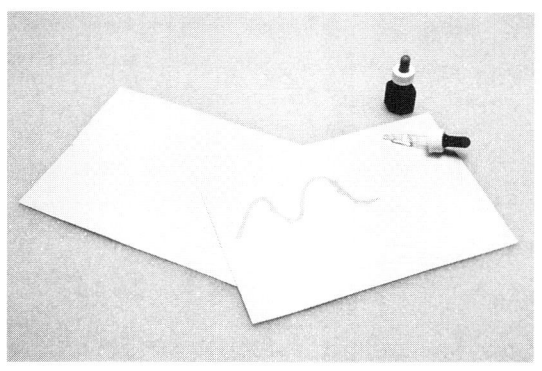

Abbildung 5: Pipette

◆ *Bandschnecke – Lockerung von*
  Handgelenk und Unterarm

Materialbeschreibung: Ein festes, ca. 1,5 bis 2 cm breites, ca. 1 bis 2 Meter langes Band. Das Band kann mit festen Maschen gehäkelt und somit selbst hergestellt werden. Geeignet ist auch ein festes Gurtband.

Arbeitsanleitung: Die Einführung erfolgt durch die Erzieherin. Das Band wird von der linken Hand geführt, der Daumen liegt mit leichtem Druck auf dem Band, während die rechte Hand das Band durch Drehbewegungen zu einer großen Rolle oder „Schnecke" aufrollt.

Variation: Das Band wird, wie oben beschrieben, einige Zentimeter aufgerollt, dann auf den Tisch gelegt. Während die linke Hand wieder zur Führung benützt wird, wird das Band durch Drehbewegungen der rechten Hand (von links nach rechts) zur „Schnecke" gedreht.

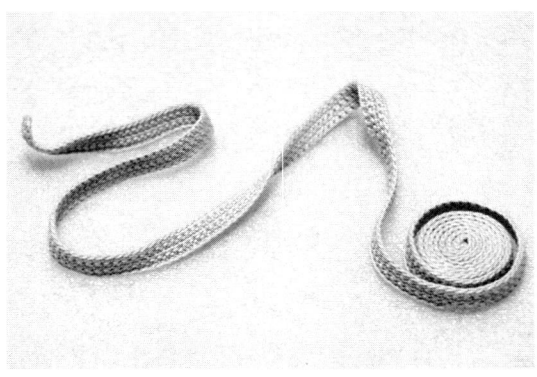

Abbildung 6: Bandschnecke

Geübte Fähigkeiten: Wichtig für den Prozess des Schreibenlernens ist, dass der Schreibdruck entsprechend reguliert wird. Dies geschieht durch die Spannung der Muskulatur. Schreibanfänger neigen eher dazu, mit zu hohem Druck zu arbeiten, weil sie sich verkrampfen. Das macht Schreiben anstrengend und lenkt die Konzentration vom Buchstabenlernen ab.

Diese Übung hilft dem Kind beim späteren Schreiben, sein Handgelenk und den Unterarm locker zu halten. Bei beiden Übungen spürt das Kind durch gleichzeitiges „Halten und Wickeln", wie es den Arm halten muss, damit er locker bleibt. Dieses Gefühl ist wichtig, da das Kind dann weiß, was es tun muss, wenn es den Stift locker halten soll. Eine rein verbale Aufforderung der Lehrkraft, den Stift „locker zu halten", führt ohne entsprechende Vorerfahrung ansonsten oft zum Gegenteil, zu mehr Verkrampfung.

Entwicklungsbereich Wahrnehmung

Dem Bereich Wahrnehmung wird enorme Bedeutung für schulisches Lernen beigemessen. Wir beziehen uns hier im Wesentlichen auf akustische und visuelle Wahrnehmung. Dabei geht es nicht um gut Hören oder Sehen, sondern um koordinierte Leistungen, die für den Schreib- und Leselernprozess eine wichtige Rolle spielen. Sollten in diesem Bereich Schwierigkeiten auftreten, ist immer zu überprüfen, ob grundlegende Wahrnehmungsbereiche, also Raum-Lage-Empfinden, Gleichgewicht und taktile Fähigkeiten, ausreichend entwickelt sind.

◆ *Die Geräuschdosen – Lautdifferenzierung*

Materialbeschreibung: Die Geräuschdosen gehören zum Originalmaterial. Sie bestehen aus zwei Holzkästen mit je sechs Dosen. Ein Satz hat rote, der andere blaue Deckel. Die Dosen des roten Satzes sind gefüllt mit verschiedenen Materialien, so dass beim Schütteln eine Abstufung von lauten Geräuschen (= grobe Körnung) nach leisen Geräuschen (= feine Körnung) zu erkennen ist. Jeder Dose des roten Satzes entspricht eine des blauen Satzes.

Arbeitsanleitung 1, Paarbildung: Die Erzieherin stellt beide Kästen mit den Geräuschdosen vor sich hin. Dann wählt sie drei Dosen aus einem Satz aus, die sich besonders gut unterscheiden (Kontrast), und sucht die entsprechenden Gegenstücke aus dem anderen Kasten heraus. Nun nimmt sie die lauteste Dose aus einem Satz, schüttelt sie mit einer langsamen Bewegung auf und ab und lauscht dabei aufmerksam auf das Geräusch. Hierbei macht sie auch die Haltung deutlich: Sie fasst die Dose mit dem Dreifingergriff am oberen Rand, damit der Holzkörper der Dose frei schwingen kann und nicht unnötig gedämpft wird. Eventuell wiederholt sie den Vorgang mit geschlossenen Augen. Dann nimmt sie irgendeine Dose aus dem blauen Satz und schüttelt sie auf die gleiche Weise. Entspricht das Geräusch dem der ersten Dose, dann stellt sie die beiden zusammen. Ist das Geräusch verschieden, stellt sie die Dose wieder zurück und probiert eine andere. So fährt sie fort, bis sie zwei gleiche Dosen gefunden hat. Die Fehlerkontrolle kann erfolgen, indem verschieden farbige Punkte auf die Unterseite der Dosen aufgemalt werden. Gleiche Paare haben dann die gleiche Farbe. Wenn alle drei Paare gefunden sind, mischt die Erzieherin die Dosen wieder und fordert das Kind auf, die Übung selbst zu versuchen. Gelingt dem Kind die Arbeit, kann die Anzahl der Dosen auf 4, 5 oder 6 Paare erhöht werden.

Arbeitsanleitung 2, Abstufung: Bei dieser Übung geht es um die Abstufung der Geräusche. Die Erzieherin nimmt einen Satz Dosen heraus. Sie sucht die lauteste und die leiseste und stellt sie mit einem Abstand dazwischen vor sich hin. Nun schüttelt sie eine weitere Dose und stellt sie zwischen die beiden. Sie schüttelt die vierte Dose und behält sie zunächst in der Hand. Lauschend und schüttelnd vergleicht sie mit den vorhergehenden Dosen und ordnet die vierte Dose dann in die Reihe ein. So fährt sie fort, bis sie eine komplette Reihe von laut nach leise geordnet vor sich stehen hat. Die Dosen werden wieder gemischt und das Kind aufgefordert, die Übung durchzuführen.

Abbildung 7: Geräuschdosen

59

Variation: Ein Satz Dosen wird in einen anderen Raum gebracht. Nun schüttelt die Erzieherin oder das Kind irgendeine Dose des ersten Satzes. Dann geht das Kind in den anderen Raum und versucht die entsprechende Dose des zweiten Satzes zu holen. Möglicherweise muss es den Vorgang mehrmals wiederholen bis es die richtige Dose hat. So wird weiter verfahren bis die Paare komplett sind.

Geübte Fähigkeiten: Das Schulkind muss in der Lage sein, akustische Reize zu differenzieren. Dies hat große Bedeutung für das Schreiben und Lesen, denn unsere Sprache hat viele ähnlich klingende Laute, welche die Bedeutung eines Begriffes grundlegend bestimmen. Beispiele dafür sind Nagel und Nadel oder Haus und Maus. Wird der Laut nicht richtig gehört, kann es zu Problemen beim Schreiben und Lesen kommen, da der Sinn nicht mehr erkannt wird.

Mit Hilfe der Geräuschdosen wird die Fähigkeit, Geräusche differenziert wahrzunehmen, geübt. Es wird das genaue Hinhören geübt. Bei der Variation kommt hinzu, dass Gehörtes gespeichert werden muss. Diese Fähigkeit ist später für Diktate, aber auch für sprachliche Anweisungen nötig.

◆ *Anlautkasten – phonologische Bewusstheit*

Materialbeschreibung: Es handelt sich um adaptiertes Material, das aus einem Karton mit kleinen Spielzeugen und Gegenständen besteht. Die Gegenstände sollten so ausgewählt werden, dass alle Buchstaben des Alphabets im Anlaut gesprochen werden können. (Beispiele: Affe, Birne, Clown, Docht, Esel, Fisch, Gras, Haus, Igel, Flugzeug, Kleeblatt, Fuchs, Lampe, Maus usw.)

Arbeitsanleitung: Die Erzieherin nimmt eine bestimmte Anzahl von Gegenständen aus dem Karton und legt sie auf den Teppich. Mit besonderer Aufmerksamkeit auf die richtige eigene Artikulation benennt sie die Dinge. Danach bittet sie das Kind: „Suche mir etwas, das mit einem N … anfängt". „Kannst du etwas finden, wo ein K… am Anfang gesprochen wird" usw.

Variation: Die Gegenstände können nach dem Endlaut bzw. Mittellauten herausgesucht werden.

Geübte Fähigkeiten: Hier wird die phonologische Bewusstheit angesprochen, d. h. die Erkenntnis, dass Wörter aus einzelnen Lauten bestehen. Die Fähigkeit, die Lautabfolge innerhalb eines Wortes zu erkennen, bezeichnet man als Analyse. Genau diese Analyse wird hier angestrebt. Das Kind hört genau hin, merkt sich die Laute, unterscheidet sie und lernt auf diese Weise, bestimmte Laute herauszuhören. Da die Anfangs- und Endlaute leichter he-

Abbildung 8: Anlautkasten

61

rauszuhören sind, wird mit diesen begonnen. Gleichzeitig übt das Kind die normgerechte Artikulation der Laute. Damit wird die Synthese, die Bildung eines Wortes aus verschiedenen Lauten unterstützt. Die Synthese ist von Bedeutung für das Schreiben, da sich das Kind nicht allein an der Artikulation des Lehrers, sondern besonders an seiner eigenen Aussprache orientieren muss.

◆ *Die geometrischen Körper – Formerfassung und Formunterscheidung*

Materialbeschreibung: Ein weiteres bekanntes Originalmaterial sind die geometrischen Körper. Sie sind aus Holz gefertigt und leuchtend blau lackiert. Folgende Formen gehören dazu: Kugel, Ei, Ellipsoid, Würfel (Kubus), dreiseitiges Prisma, vierseitiges Prisma, Kegel, dreiseitige Pyramide, vierseitige Pyramide, Zylinder. Ein Satz der dazugehörigen Grundflächen auf hölzernen Täfelchen, ein Körbchen und ein hübsches Tuch ergänzen das Material.

Arbeitsanleitung 1: Die Erzieherin bietet das Material folgendermaßen an: Sie nimmt zwei oder drei Körper, z.B. Würfel, Kugel und Zylinder, und lässt das Kind damit hantieren. Sie nimmt jeden einzelnen Körper in beide Hände und umfasst ihn ganz. Mit dieser Bewegung zeigt sie dem Kind, wie sie die Dimensionen des Körpers mit ihren Händen erfasst, also ihren stereognostischen Sinn einsetzt. Auf diese Weise macht sie die Merkmale der Körper sichtbar. Sie zeigt dem Kind weiter, dass die Körper unterschiedliche Bewegungseigenschaften haben, wenn sie auf der Unterlage bewegt werden: Sie können rollen (runde Körper, oder Körper mit runden Anteilen) oder sie bleiben liegen oder stehen, können also lediglich gekippt werden. Anschließend führt sie die Namen der Körper mit Hilfe der

Drei-Stufen-Lektion ein. Danach, oder zu einem späteren Zeitpunkt, legt sie die bekannten Körper in ein Körbchen und bedeckt sie mit einem Tuch. Das Kind identifiziert mit seinem stereognostischen Sinn jede Form, benennt sie und legt sie auf den Tisch. Die anderen Körper werden nach und nach auf die gleiche Weise eingeführt.

Arbeitsanleitung 2: Beherrscht ein Kind den Umgang mit den Körpern, können zusätzlich die Grundflächentäfelchen eingeführt werden. Die Erzieherin legt die Täfelchen auf den Tisch. Sie sucht einen geometrischen Körper heraus, schaut seine Unterseite an und stellt ihn auf das entsprechende Täfelchen. So verfährt sie mit allen geometrischen Körpern. Es bleiben drei Täfelchen übrig, weil einige Körper mehrere Grundflächen haben. Das vierseitige Prisma hat sowohl eine rechteckige als auch eine quadratische Fläche. Die übrigen Täfelchen legt man nun zu den entsprechenden Körpern und zeigt die verschiedenen Möglichkeiten.

Abbildung 9: Geometrische Körper

Geübte Fähigkeiten: Das Erfassen und die Unterscheidung von Formen wie spitz, rund, eckig, groß, klein, dick und dünn gelingt auch dem Kindergartenkind in der Regel gut. Genaues Erfassen ist wichtig für das Schreiben und Lesen, da sich die Buchstaben teilweise nur in minimalen Einzelheiten unterscheiden, z. B. durch eine unterschiedliche Anzahl gleicher Elemente wie bei „n" und „m". Wird nicht präzise erfasst, ist der Sinn des Geschriebenen oder Gelesenen nicht zu verstehen. Auch für das Reproduzieren der Formen beim Schreiben ist die Formerfassung entscheidend.

Mit Hilfe der geometrischen Körper soll das Kind Formen begreifen. Dies ist wesentlich u. a. für das Schreibenlernen, denn hier werden Formen zweidimensional zu Papier gebracht. Voraussetzung dafür ist, dass das Kind die Form verinnerlicht hat.

Übertragung: Es können Gegenstände im Alltag gesucht werden, die den geometrischen Körpern entsprechen, z. B. Getränkepackungen, Bleistifte, aber auch Häuser und Kirchtürme.

◆ *Knöpfe sortieren – Unterscheidungsfähigkeit von Formen*

Materialbeschreibung: Das Material gehört zu den adaptierten Materialien. Es besteht aus einem Setzkasten und verschiedenen Knöpfen. Es ist darauf zu achten, dass von jeder Knopfsorte mehrere Exemplare vorhanden sind.

Arbeitsanleitung: Die Erzieherin legt eine Anzahl von Knöpfen aus der Schachtel unterhalb des Setzkastens auf den Teppich. Dann nimmt sie einen Knopf mit der linken Hand, befühlt ihn mit der rechten Hand und betrachtet ihn genau. Genauso verfährt sie mit einem zweiten Knopf, anschließend vergleicht sie ihn mit dem ersten. Sind die Knöpfe unterschiedlich, werden sie in unterschiedliche Fächer des Setzkastens gelegt. Die weiteren Knöpfe werden immer mit den bereits einsortierten verglichen. Sie werden entweder zugeordnet oder in ein neues Fach gelegt.

Die Erzieherin kann die entsprechenden Begriffe für Form und Farbe einführen, z. B. flach, gewölbt, rund, grünschillernd usw.

Variation 1: Diese Variation ist für ca. drei bis vier Kinder gedacht. Ein Kind nimmt sich vier oder fünf verschiedene Knöpfe aus dem sortierten Kasten und legt sie in einer beliebigen Reihenfolge auf. Reihum legen die Kinder nun jeweils dieselbe Folge von Knöpfen auf, bis es aufgrund fehlender Knöpfe nicht mehr möglich ist.

Variation 2: Die Kinder werden angeregt, die Knöpfe oder Knopfreihen auf ein Blatt zu zeichnen und mit entsprechenden Buntstiften farbig zu gestalten.

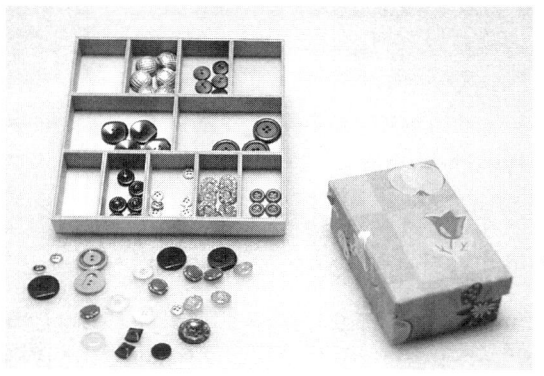

Abbildung 10: Knöpfe sortieren

Variation 3: Diese Variation entspricht nicht mehr ganz den Vorgaben von Montessori, ist aber unserer Meinung nach zu vertreten, da es um den Lerninhalt „genaues Hinsehen" und „Beschreiben des Gesehenen" geht und nicht einfach um ein Spiel mit irgendwelchen Materialien. Es sind zwei oder mehrere Kinder beteiligt. Ein Kind ist Verkäufer/Verkäuferin und ein anderes Kind Kunde/Kundin. Die Kundin gibt an, welchen Knopf sie kaufen möchte, dazu muss sie die einzelnen Merkmale möglichst genau beschreiben.

Geübte Fähigkeiten: Beim Vergleichen und Einsortieren der Knöpfe ist genaues Hinsehen erforderlich. Auch kleine Unterschiede müssen erkannt werden, ähnlich wie später bei den Buchstaben. Das Legen von Knopfreihen ist eine Vorbereitung auf das Abschreiben von der Tafel. Das Kind muss eine bestimmte Reihenfolge einhalten und darf nicht wahlweise die entsprechenden Knöpfe legen. Das Verkaufsspiel unterstützt den Erwerb von differenzierten Begriffen und damit die allgemeine sprachliche Ausdruckskraft. Am schwierigsten ist das Malen der Knöpfe. Hier müssen nicht nur die Formen erkannt, sondern auch gespeichert und reproduziert werden.

◆ *Kugelkette – Auge-Hand-Koordination*

Materialbeschreibung: Es handelt sich um ein adaptiertes Material. Eine 1m lange Kugelkette, erhältlich als Meterware im Baumarkt, vier 50 cm lange Stücke Kugelkette sowie ein kleines Kästchen zur Aufbewahrung.

Arbeitsanleitung 1: Bei dieser Übung ist es wichtig, dass der Arbeitsteppich genau vor dem Kind liegt und dass das Kind in richtiger Haltung am Tisch sitzt. Die Erzieherin legt mit zwei kurzen Stücken (50 cm) eine einfache Form, z. B.

ein Viereck, ein Dreieck oder aus zwei kurzen Stücken ein Kreuz. In einem ersten Schritt legt das Kind die Figur nach. In einem zweiten Schritt versucht es, die Form aus dem Gedächtnis nachzulegen. Wichtig für die Erzieherin ist es, zu beachten, dass sie erst zu schwierigeren Formen übergeht, wenn sie beobachtet hat, dass das Kind die vorhergehende Form verinnerlicht hat und wiedergeben kann.

Variation: Die Figuren können kombiniert werden, z. B. Viereck und Dreieck als Haus oder zwei Dreiecke Spitze an Spitze als Eieruhr. Mit der langen Kette können fortlaufende Formen ausgelegt werden, z. B. Zick-Zack-Linien oder Wellenlinien.

Geübte Fähigkeiten: Hier wird neben dem Erkennen von Formen die Auge-Hand-Koordination gefördert. Als Auge-Hand-Koordination wird das Zusammenspiel von Auge und Hand bei der Ausführung von Bewegungen bezeichnet. Das Auge steuert und korrigiert die Bewegung der Hand.

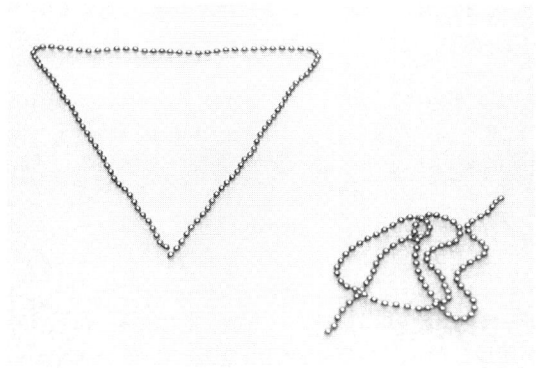

Abbildung 11: Kugelkette

Dazu muss das Auge einen Anfangspunkt der Bewegung fixieren und einen Endpunkt anvisieren. Die Hand bewegt sich dann entlang einer gedachten Linie. Diese Koordination ist von entscheidender Bedeutung für den Schreibprozess. Erschwert wird das Schreiben durch kleinräumige Bewegungen, die dem Schulanfänger noch Schwierigkeiten bereiten. Die Übung mit der Kugelkette ist als Vorübung zu sehen. Die Bewegungen sind noch nicht so kleinräumig, das Kind muss sich auch nicht gleichzeitig auf die Stifthaltung konzentrieren.

◈ Fotokarten I – Formerfassung und Merkfähigkeit

Materialbeschreibung: Die Fotokarten I sind ein adaptiertes Material, das aus einem schönen Karton mit Gegenständen verschiedenartiger Form, z. B. Murmeln, Glassteine, Natursteine etc., und Fotokarten dieser Gegenstände besteht. Es ist darauf zu achten, dass sich jeweils zwei Gegenstände nur geringfügig in Größe oder Form unterscheiden. Fotokarten, die die verschiedenen Gegenstände zeigen, sowie ein Tuch als Unterlage gehören zum Material.

Arbeitsanleitung: Zuerst sollte der Inhalt des Kartons den auf den Fotos abgebildeten Gegenständen ein oder mehrmals zugeordnet werden. Danach wählt die Erzieherin eine Fotokarte (je nach Fähigkeit des Kindes mit mehr oder weniger abgebildeten Gegenständen) aus und legt sie oberhalb des kleinen Arbeitsteppichs in dessen Mitte. Der Karton ist mit einem Tuch verdeckt, und durch Fühlen und Tasten werden die abgebildeten Gegenstände herausgesucht. Ob in einem nächsten Schritt die Gegenstände wie auf dem Foto abgebildet auf dem jetzt ausgebreiteten Tuch richtig geordnet aufgelegt werden, hängt von der Ausdauer des jeweiligen Kindes ab. Es kann auch als eigene Übung angeboten werden.

Variation 1: Eine Variation zur Förderung von Merkfähigkeit und Konzentration: Das Kind betrachtet eine selbstgewählte Fotokarte und legt sie verdeckt auf. In einem ersten Schritt versucht das Kind, die gesehenen Gegenstände aus dem nicht verdeckten Karton herauszusuchen. Eventuell kann es jetzt die Karte noch einmal umdrehen, kurz betrachten und danach versuchen, die Gegenstände aus dem Gedächtnis wie gesehen aufzulegen. Wichtig ist der abschließende Vergleich von Karte und selbstgelegter Anordnung, weil hierbei die optische Differenzierung und damit auch Konzentration gefördert wird.

Variation 2: Variation als Partnerübung für zwei Kinder: Die Fotos werden verdeckt im Fächer aufgelegt, und jeweils ein Kind zieht eine Karte, die dann von beiden Kindern nachgelegt wird.

Abbildung 12: Fotokarten I

Variation 3: Ein Kind legt ein Foto nach, während das andere Kind die Augen geschlossen hält. Nach dem Öffnen der Augen soll es das Vorlagefoto herausfinden.

Geübte Fähigkeiten: Im Umgang mit diesem Material übt das Kind, Formen zu unterscheiden und im Gedächtnis zu behalten. Insoweit ist das Material dem Knöpfesortieren vergleichbar. Die Erzieherin kann beobachten, wie oft das Kind auf die Karten sieht, um seine Arbeit zu kontrollieren. Eine gewisse Anzahl von Dingen, später Buchstaben, ohne ständige Kontrolle im Gedächtnis speichern zu können ist von Bedeutung für den Schreibprozess. Muss dauernd eine Rückversicherung durch Nachsehen stattfinden, verliert das Kind schnell die Lust am Schreiben.

◈ *Fotokarten II – Erfassung von räumlichen Beziehungen*

Materialbeschreibung: Das Material gehört zu den adaptierten Materialien. Es besteht aus einem Karton mit verschiedenen kleinen, beweglichen Puppen und einem Auto (evtl. Lokomotive oder Lastwagen). Die Fotokarten bilden die Puppen in verschiedenen Positionen zum Auto ab. Die Fotos sind laminiert.

Arbeitsanleitung: Die Erzieherin wählt eine Karte aus und legt sie mittig über den Arbeitsteppich. Sie sucht aus dem Karton die Gegenstände, die auf der Fotokarte abgebildet sind, heraus und bringt sie in die richtige Position. Die Gegenstände und die Fotokarte werden in den Karton zurückgegeben. Dann ist das Kind an der Reihe. Es kann sich die gleiche oder aber eine andere Karte wählen und die Gegenstände entsprechend anordnen. Im nächsten Durchgang werden die Begriffe in einen Satz eingebaut z. B.: „Die Puppe mit der blauen Hose sitzt vor dem Auto."

Variation 1: Das Kind wählt eine Karte und betrachtet sie genau. Dann legt es die Karte verdeckt in die Mitte oberhalb des Teppichs, wählt die Dinge aus, die es benötigt, und versucht, sie in die richtige Position zu bringen. Hat es den Auftrag beendet, dreht es die Karte um und kontrolliert seine Arbeit.

Variation 2: Der Karton wird mit verschiedenen kleinen und großen Gegenständen bestückt. Der Teppich wird in der Mitte durch ein Band geteilt. Das Kind wird nun aufgefordert, alle kleinen Gegenstände auf die linke, alle großen Gegenstände auf die rechte Seite zu legen.

Variation 3: Für diese Variation benötigt man keine Fotokarten. Die Puppen werden in verschiedene Positionen gebracht, stehen z. B. auf dem linken Bein und spreizen das rechte Bein zur Seite weg, stehen breitbeinig da und strecken die Arme nach vorne etc. Das Kind oder auch mehrere Kinder bringen sich selbst dann in die dargestellte Position.

Abbildung 13: Fotokarten II

Geübte Fähigkeiten: Das Erfassen räumlicher Beziehungen im zweidimensionalen Raum bereitet Kindern länger Schwierigkeiten. Schulanfänger beherrschen in der Regel einige Begriffe wie davor, dahinter, neben usw. Probleme bereiten meist die Begriffe oben und unten sowie links und rechts. Wichtig ist diese Fähigkeit auch für die Erkenntnis, dass die Reihenfolge der Buchstaben im Wort und die Richtung der Buchstaben eine Rolle spielen. Gelingt die Unterscheidung noch nicht, kommt es zu Verwechslungen von Buchstaben wie „b" und „d" oder aber zu Orientierungsschwierigkeiten bei der Heftführung. Bei dieser Übung werden räumliche Beziehungen erkannt und benannt, was für sprachliche Anweisungen in der Schule wichtig ist.

◆ *Schablonen – Figur-Grund-Wahrnehmung*

Materialbeschreibung: Es handelt sich um adaptiertes Material, das aus selbst hergestellten Schablonen aus Pappkarton oder Moosgummi besteht. Man kann auch die metallenen Einsatzfiguren verwenden. Es werden entweder geometrische Formen oder einfache Gegenstände als Schablonen hergestellt. Drei oder mehr Schablonen werden auf ein Blatt gelegt, so dass sie sich überlagern, und dann die Umrisse gezeichnet. Zum Ausmalen werden verschiedenfarbige Buntstifte benötigt.

Arbeitsanleitung: Je nach Leistungsfähigkeit des Kindes wird ein Blatt mit wenigen oder vielen Figuren ausgewählt. Dieses Blatt wird auf die Unterlage, in diesem Fall eine feste Unterlage, gelegt. Das Kind wird ermutigt, die Figuren auf dem Blatt zu suchen und zu benennen. Verwendet man die metallenen Einsatzfiguren, müssen die Namen der Figuren bekannt sein. Das Kind sucht zunächst nur mit den Augen. Es kann aber unter Umständen auch die Originalschablone als Kontrolle auflegen, wenn es sich nicht sicher ist. Hat es eine Figur identifiziert, kann es sie mit einer Farbe schraffieren oder ausmalen. Anschließend wird die nächste Figur gesucht und ausgemalt usw.

Geübte Fähigkeiten: Die Fähigkeit, eine Figur aus einem Hintergrund herauszulösen und getrennt davon zu sehen, bezeichnet man als Figur-Grund-Wahrnehmung. Die Aufmerksamkeit ist auf die Figur gerichtet, alle anderen Reize rücken in den Hintergrund. Hier muss das Kind Gegenstände oder geometrische Formen aus verschiedenen, überlagerten Figuren heraussuchen. Wird diese Fähigkeit beherrscht, kann das Kind Buchstaben innerhalb eines Wortes erkennen und sich darauf konzentrieren. Ebenso lassen sich Wörter innerhalb einer Zeile und Zeilen auf einer Seite herauslösen. Die Fähigkeit ist also wesentlich für das Lesen. Aber auch für das Abschreiben von der Tafel wird sie benötigt. Dabei erschwert der Abstand von der Tafel und der ständige Wechsel des Blickes von der Tafel ins

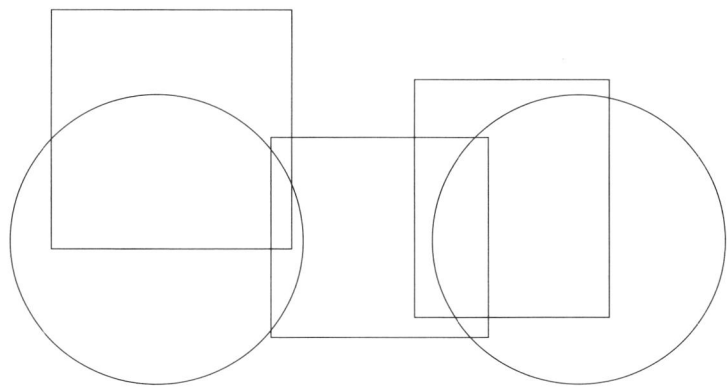

Abbildung 14: Schablonen

Heft das Erfassen der Figur. Wahrgenommenes muss gespeichert werden und zu Papier gebracht werden. Wird dies nicht geschafft, muss das Kind ständig wieder zur Tafel schauen, um zu kontrollieren. Das macht Abschreiben zu einem sehr anstrengenden Prozess.

◈ Buchstabensalat – Einprägen von Buchstaben und Wortbildern

Materialbeschreibung: Das adaptierte Material ist im Handel erhältlich und wurde ergänzt. Es handelt sich um Holzplättchen mit aufgedruckten Druckbuchstaben. Auf einer Seite sind große, auf der anderen kleine Buchstaben in Druckschrift. Aufbewahrt werden die Holzplättchen in einem Stoffbeutel. Zur Ergänzung wurden Wortkarten mit den Namen der Kinder oder mit einfachen Begriffen hergestellt.

Arbeitsanleitung: Dieses Material wird nur eingesetzt, wenn die Kinder sich dafür interessieren, ihren Namen oder andere einfache Wörter zu schreiben. Es ist darauf zu achten, welche Kenntnisse das Kind bereits mitbringt. Darauf aufbauend können Buchstaben eingeführt werden und Wortbilder nachgelegt werden. Die Erzieherin legt mit dem Kind den eigenen Namen. Dazu wird das Kärtchen mit dem Namen herausgesucht und auf den Teppich gelegt. Nun werden die entsprechenden Buchstaben herausgesucht und aneinandergelegt. Wichtig dabei ist, dass die Buchstaben nicht nur richtig identifiziert und hingelegt werden, sondern der dazugehörende Laut und die Lautverbindungen gesprochen werden.

Variation: Die Kinder legen ihren Namen und versuchen dann, ihn auf ein leeres Kärtchen selbst zu schreiben. Dabei achtet die Erzieherin auf die Schreibrichtung der Buch-

staben. Eventuell ist eine Kombination mit den Sandpapierbuchstaben sinnvoll, damit sich nicht falsche Schreibbewegungen einschleichen.

Geübte Fähigkeiten: Auch hier geht es um genaues Hinsehen und um Wiedererkennen einzelner Formen, wie
auch bei den Knöpfen oder Fotokarten I. Darüber hinaus
wird aber auch die Persönlichkeit des Kindes angesprochen. Dieser Effekt erscheint hier fast noch wichtiger als
die Formerfassung und Formunterscheidung. Es wird das
Wortbild des eigenen Namens erkannt. Den eigenen Namen schreiben können trägt auch zur Identitätsbildung des
Kindes bei. Andere einfache Wortbilder werden identifiziert, das Kind setzt sich dadurch mit den neuen Kompetenzen, die es in der Schule lernen soll, auseinander. So
erfährt es, daß diese neuen Anforderungen machbar sind,
bzw. man keine große Angst davor haben muss.

Kinder, die es nicht schaffen, ihren Namen zu schreiben,
sollten nicht weiter üben. Die Erzieherin sollte vielmehr auf
Vorübungen zurückgehen wie z. B. Einsatzfiguren oder
Kugelkette.

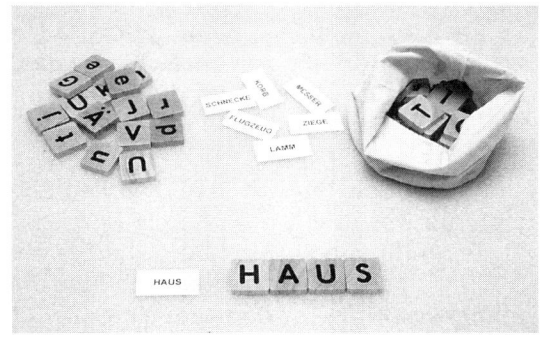

Abbildung 15: Buchstabensalat

Entwicklungsbereich Denken

Insbesondere für das Rechnen sind eine Reihe von Fortschritten in der Denkentwicklung notwendig. Berühmt geworden sind die Versuche von Piaget, der die Eigenart des kindlichen Denkens nachgewiesen hat. Untersuchungen haben gezeigt, dass differenziertes Üben die Denkentwicklung fördern kann und Entwicklungsfortschritte begünstigt werden.

◆ *Die roten Stangen – Längenunterschiede und Reihenbildung*

Materialbeschreibung: Die roten Stangen gehören zum Originalmaterial, dem Sinnesmaterial. Es handelt sich um zehn rot lackierte Stangen, die alle denselben quadratischen Querschnitt haben und einen Längenunterschied von jeweils 10 cm aufweisen. Die längste Stange ist 1 Meter lang, die kürzeste folglich 10 cm.

Arbeitsanleitung: Die Erzieherin fordert das Kind auf, die roten Stangen nacheinander aus dem Regal zu holen und auf den Teppich zu legen. Sie nimmt zuerst aus den ungeordneten Stangen die längste, streicht mit der rechten Hand die ganze Länge ab und legt die Stange gesondert ab. Sie greift die nächst kürzere Stange und legt sie linksbündig unter die erste. So fährt sie fort, bis die kürzeste Stange auf dem Arbeitsteppich liegt. Die Fehlerkontrolle erfolgt durch die Abstufung bzw. durch die kürzeste Einheit. Sind alle Stangen geordnet, fährt die Erzieherin mit der linken Hand die linksbündige Kante entlang und macht so das Anfangskriterium für den Messvergleich deutlich. Anschließend fährt sie mit der Hand die treppenförmige Abstufung nach. Danach nimmt sie die kürzeste Stange und

zeigt, dass sie immer den Längenunterschied zweier auf-
einanderfolgender Stangen ergänzt. Anschließend mischt
sie die Stangen und fordert das Kind auf, die Übung selbst
zu versuchen. Mit der Drei-Stufen-Lektion werden die Begriffe „lang" und „kurz" sowie die Formen der Steigerung
eingeführt.

Variation 1: Kinder, die den Umgang mit 10 Stangen noch
nicht bewältigen, können Hilfen erhalten, indem z. B. nur
jede zweite Stange aus der Reihe genommen wird. Auf diese Weise werden die Längenunterschiede für das Kind
deutlicher. Es ist auch möglich, die Stangen an der Wand
entlang aufzulegen, die Enden schließen dann genau miteinander ab, die Stangen verrutschen nicht so leicht.

Variation 2: Bei durchschnittlich entwickelten Vorschulkindern ist eher zu erwarten, dass die roten Stangen in der
ursprünglichen Version schnell uninteressant werden, weil
sie den Umgang beherrschen. Für sie sind schwierigere Variationen denkbar. Beispielsweise ergänzt das Kind immer
zwei Stangen so, dass ihre Gesamtlänge der längsten Stange entspricht. Es kann dann auch relativ schnell zu den numerischen Stangen übergegangen werden.

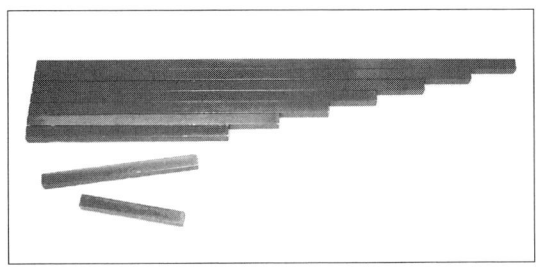

Abbildung 16: Rote Stangen

Geübte Fähigkeiten: Hier wird die sogenannte Reihenbildung unterstützt. Das Vorschulkind denkt in eine Richtung. Es ist in der Lage, Paare zu bilden und Kontraste zu suchen. Die Nachbarschaften in beide Richtungen zu finden ist schwieriger. Der Vergleich in beide Richtungen ermöglicht aber geistige Flexibilität. Werden die kürzeren Stangen ergänzt zu einer längeren, wird indirekt auf das Rechnen vorbereitet.

Übertragung: Hat das Kind die Begriffe verstanden und kann mit dem Material selbstständig arbeiten, so kann es die Begriffe „lang" und „kurz" auf Gegenstände aus dem Alltag (z. B. Farbstifte, Wegstrecken etc.) übertragen.

◈ *Die numerischen Stangen – zur Verbindung von Menge und Zahl*

Materialbeschreibung: Die numerischen Stangen gehören zum Originalmaterial. Sie entsprechen den roten Stangen, sind jedoch in rote und blaue Abschnitte von je 10 cm Länge unterteilt. Die kürzeste Stange ist rot lackiert, die nächste hat einen roten und einen blauen Abschnitt, die dritte ist rot-blau-rot usw. Die Stangen werden kombiniert mit kleinen Holztäfelchen, auf denen die Ziffern 1 bis 10 aufgemalt sind.

Arbeitsanleitung 1: Wie bei der Einführung der roten Stangen liegen die numerischen Stangen ungeordnet auf dem Arbeitsteppich. Das Kind ordnet zunächst die Stangen, wie es dies bei den roten Stangen geübt hat. Dabei ist darauf zu achten, dass jeweils mit einem roten Abschnitt begonnen wird.

Nun nimmt die Erzieherin die ersten drei Stangen heraus. Sie nimmt die kürzeste, hält sie mit der linken Hand und fährt mit der rechten Hand daran entlang. Dann legt sie die Stange auf den Teppich und sagt: „Das ist die Eins." Sie nimmt die zweite Stange, legt sie darüber und sagt: „Das ist die Zwei." Zur Verdeutlichung fährt sie am roten Abschnitt entlang und zählt eins, anschließend den blauen entlang und zählt zwei. Eine andere Möglichkeit der Verdeutlichung besteht darin, die Abschnitte vor dem Ablegen mit der ganzen Hand zu umfassen und abzuzählen. Mit der dritten Stange verfährt die Erzieherin genauso. Ob sie in der ersten Einführung mehr als drei Stangen zeigt, hängt davon ab, wie sie die Fähigkeiten des Kindes einschätzt. Anschließend wiederholt das Kind die Übung alleine. Im nächsten Schritt werden die Stangen gemischt und die Erzieherin fordert das Kind auf „Gib mir die Eins" usw. Entsprechend der Drei-Stufen-Lektion fragt die Erzieherin in einem dritten Durchgang nach dem Begriff. Sie nimmt eine Stange heraus und fragt: „Welche Stange ist das?" Auch hier ist die kürzeste Stange die Fehlerkontrolle.

Arbeitsanleitung 2, Kombination mit Ziffern: Zwischen der Darbietung 1 und 2 sollten die Ziffern eingeführt werden, z. B. mit den Sandpapierziffern. Die Stangen werden geholt und vom Kind aufgelegt. Alle Ziffernbrettchen von

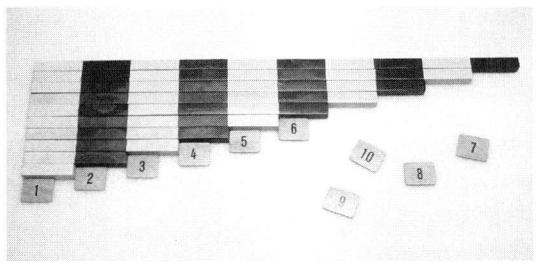

Abbildung 17: Numerische Stangen

1 bis 10 liegen gemischt auf dem Arbeitsteppich. Nun zeigt die Erzieherin auf die erste Stange, fährt mit dem Finger daran entlang und sagt „Eins", sucht das entsprechende Ziffernbrettchen und legt es zur Stange. Diesen Vorgang wiederholt sie bis 10 oder bis das Kind es selbst versuchen möchte. Anschließend führt das Kind die Übung selbstständig durch.

Variation 1: Die Variationen sind vergleichbar mit denen der roten Stangen. Es können gezielt Nachbarn gesucht werden, sowohl der nächst größere als auch der nächst kleinere. Erst in einem weiteren Schritt werden beide Nachbarn gesucht. Auch hier ist die Zusammensetzung einer langen Stange aus zwei kurzen möglich.

Variation 2: Rote und numerische Stangen können kombiniert werden. So kann man rote und numerische Stangen vergleichen, die roten der entsprechenden Zahl der numerischen Stangen zuordnen.

Geübte Fähigkeiten: Die Erkenntnis, dass eine Zahl eine bestimmte Menge repräsentiert, kann mit diesem Material erlangt werden. Vorschulkinder können meist abzählen, dies haben sie aber durch Nachahmung erlernt, es steckt nicht unbedingt eine Erkenntnis dahinter. Die Kinder meinen oft, eine Zahl sei an einen bestimmten Gegenstand gebunden. Die Erkenntnis, dass die Zahl eine Menge unabhängig von Gegenständen bezeichnet, muss erst gewonnen werden. Das Material kann parallel zum Spindelkasten und den Sandsäckchen verwendet werden. Bei der ersten Variation wird indirekt Addition und Subtraktion angebahnt, aber noch ohne Rechenvorgang.

◆ Die Sandsäckchen – Verbindung von Menge und Zahl

(Verändert nach Gesslein/Lippert 1987)

Materialbeschreibung: Die Sandsäckchen gehören zum adaptierten Material. Es handelt sich um kleine Stoffsäckchen, die mit Sand oder einem vergleichbaren Material gefüllt sind. Dabei ist jede Ziffer einer bestimmte Farbe zugeordnet. Der Wert der Ziffer gibt an, wie viele Sandsäckchen in dieser Farbe vorhanden sind. Die Verteilung sieht wie folgt aus:

1   rotes Sandsäckchen
2   grüne Sandsäckchen
3   rosa Sandsäckchen
4   gelbe Sandsäckchen
5   hellblaue Sandsäckchen
6   lila Sandsäckchen
7   weiße Sandsäckchen
9   dunkelblaue Sandsäckchen
10   goldene Sandsäckchen

Zum Material gehört ebenfalls der Zahlenstrahl. Er wird als Stoffbahn dargestellt, auf der die Zahlen 1 bis 10 der Reihe nach aufgemalt oder appliziert sind.

Arbeitsanleitung: Die Sandsäckchen können zunächst einfach abgezählt werden und der Zahlenreihe entsprechend gelegt werden.

Sie können aber auch von Anfang an mit dem Zahlenstrahl kombiniert werden. Dann werden die Sandsäckchen einer Farbe zur entsprechenden Zahl des Zahlenstrahls gelegt. Zunächst der Reihe nach, später auch durcheinander.

Eine Kombination mit psychomotorischen Übungen ist denkbar, z. B. Zielwerfen, Überspringen. Vielfältige Übungen bieten sich hier an, von denen nur einige aufgezeigt werden:

- Beim Ausrollen des Zahlenstrahls erhält das Kind den Auftrag: „Stell Dich dort hin, wo die Sechs sein wird." (Raumerfahrung, Schätzen von Größen)
- „Suche Dir eine Farbe aus und nimm alle Säckchen dieser Farbe. Zähle die Säckchen und lege sie zur passenden Ziffer."
- Zielwerfen – für jede Zahl soviel Versuche wie es Säckchen gibt.
- Würfeln und legen (Größenvergleich bei einer Konstanten).
- Säckchen auf dem Körper des Kindes auslegen. „Unter welcher Zahl liegst Du?" (Körperwahrnehmung und Mengenerfassung).
- Kinder teilen die Säckchen auf. Bei den Ziffern 1, 3, 5, 7, 9 bleiben die Säckchen liegen, weil beim Teilen durch zwei ein Rest bleibt (gerade und ungerade Zahlen).

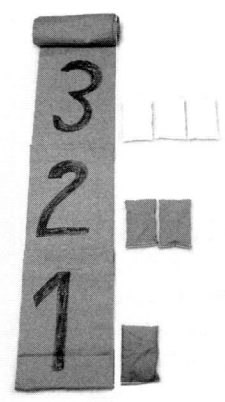

Abbildung 18: Sandsäckchen

- Klatschen – das Kind holt die entsprechende Menge.
- „Großer König Zauberzahl mit Deinem langen Zahlen-strahl – sage Deinen Dienern nun, was dürfen wir heut' für Dich tun?" „Hole eine Zahl, die kleiner ist als fünf!" „Hole eine Zahl, die größer ist als acht!" usw.
- Hole die beiden Nachbarn von „sieben".

Geübte Fähigkeiten: Wie bei den numerischen Stangen geht es hier um den Zusammenhang von Ziffer und Men-ge. Unterstützt wird das Erfassen der Menge durch die psychomotorischen Übungen. Beispielsweise kann das Kind über „eins" bequem einen Schritt machen, über „vier" muss es einen ganz großen Schritt machen und über „sechs" muss es springen oder es kommt gar nicht mehr drüber.

◆ Spindelkasten – Verbindung von Menge und Zahl

Materialbeschreibung: Der Spindelkasten gehört zu den Originalmaterialien, den Mathematikmaterialien. Zwei Kästen sind aufgeteilt in je fünf Fächer. Auf der Rückwand der Kästen stehen die Zahlen 0 bis 9. In einem weiteren Kasten liegen 45 Spindeln und acht Gummiringe.

Arbeitsanleitung 1: Die Fächer der beschrifteten Kästen sind leer, die 45 Spindeln befinden sich alle im Aufbe-wahrungskasten. Die Erzieherin zeigt auf die Eins und bit-tet das Kind, die Zahl zu benennen. Sie holt eine Spindel aus dem Aufbewahrungskasten, legt sie in das Fach mit der Ziffer 1 und sagt: „Eins". Dann zeigt sie auf die Zwei und fragt wieder nach dem Namen der Zahl. Sie holt zwei Spindeln, legt sie in das entsprechende Fach und sagt: „Zwei". So fährt sie fort, bis alle Spindeln in den Fächern liegen. Es ist darauf zu achten, dass die Spindeln einzeln aus dem Aufbewahrungskasten genommen und in das entsprechende Fach gelegt werden. Nur so wird das Muskelgedächtnis korrekt angesprochen. Bei „Eins" wird die Bewegung nur einmal ausgeführt, bei „Fünf" sind fünf einzelne Bewegungen nötig. Zur besseren Verdeutlichung der Mengen können die Spindeln der Fächer 2 bis 9 zusätzlich mit einem Gummiring gebündelt werden. Die Erzieherin fordert das Kind nun auf, die Einheiten nachzuzählen und die Spindeln in den Aufbewahrungskasten zu legen. Die Fehlerkontrolle besteht darin, dass die Spindeln genau aufgehen. Es dürfen keine Spindeln übrig bleiben oder fehlen.

Arbeitsanleitung 2, Einführung der Null: Die Fächer sind mit den Spindeln gefüllt. Die Erzieherin fragt das Kind nach der Anzahl in verschiedenen Fächern. „Wie viele Spindeln liegen in diesem Fach?" Das Kind nennt die entsprechende Anzahl. Schließlich zeigt die Erzieherin auf das leere Fach und fragt: „Wie viel liegt darin?" Das Kind sagt: „Nichts" oder „Keine". Die Erzieherin sagt : „Das bedeutet Null." Sie zeigt auf das Symbol 0 und sagt: „Null".

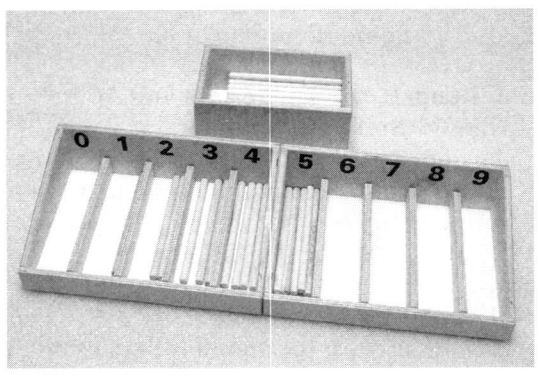

Abbildung 19: Spindelkasten

Variation: Beherrscht das Kind die Arbeitsweise, so kann die Anforderung gesteigert werden. Die Erzieherin fordert das Kind auf, die Reihenfolge zu ändern. Sie benennt die Zahlen durcheinander, und das Kind soll die entsprechende Menge in das richtige Fach legen. Oder aber sie gibt Zettel mit Zahlen aus, das Kind holt die entsprechende Menge dazu. Diese Übungen sind dann auch als Partnerübungen für zwei Kinder denkbar.

Geübte Fähigkeiten: Mit Hilfe des Spindelkastens lernt das Kind, Zahlen und Mengen einander zuzuordnen. Es erkennt, dass die Zahl eine bestimmte Menge repräsentiert. Es lernt, dass die Zahlen in einer festgesetzten Reihenfolge stehen, die nicht verändert werden kann. Damit werden auch Nachbarschaften deutlich, vor der Vier kommt z. B. immer die Drei. Die Bedeutung der Null macht Schulkindern oft Probleme. Hier kann sie über die Handlung erfahren werden: Null bedeutet, daß in das Fach keine Spindel eingelegt wird.

◆ *Blue – ein Spiel zur Mengenerkennung und Mengenunterscheidung*

Materialbeschreibung: Das Material ist im Handel erhältlich. Es besteht aus einem Karton, der hundert Karten mit aufgedruckten Glasnuggets verschiedener Anzahl (von 0 bis maximal 9) enthält, 45 blaue Glasnuggets so wie einige Reservenuggets.

Arbeitsanleitung 1: Für die erste Übung werden alle 45 Glasnuggets benötigt sowie 10 Karten, d. h. von jeder abgebildeten Menge eine Karte. Alle übrigen Karten und die Reservenuggets werden beiseite gelegt. Die Karten werden gemischt, die Nuggets in der Schachtel bereitgestellt.

Die Erzieherin sucht die Karte mit einem abgebildeten Nugget und legt sie links oben auf die Arbeitsfläche oder den Arbeitsteppich. Dann nimmt sie einen Glasnugget und legt ihn auf die Abbildung oder neben die Karte. Nun sucht sie die Karte mit zwei aufgedruckten Nuggets, legt sie unter die erste Karte, nimmt zwei Glasnuggets und legt sie auf die Abbildung oder neben die Karte. So fährt sie fort bis alle neun Karten aufgelegt sind. Anschließend führt das Kind die Übung alleine durch. Werden die Glasnuggets neben die Karten gelegt, ist darauf zu achten, dass sie entsprechend der Abbildung angeordnet werden. Nur so ist der Unterschied zwischen geraden und ungeraden Zahlen optisch zu verdeutlichen. Ist die Übung korrekt durchgeführt worden, so geht die Anzahl der Glasnuggets genau auf, es darf keiner übrig bleiben oder fehlen. Die Karte ohne Nuggets wird gesondert eingeführt. Hier ist kein Nugget abgebildet, also wird auch keiner aufgelegt.

Arbeitsanleitung 2: Für die zweite Übung werden alle Karten benötigt. Sie werden nach abgebildeten Mengen sortiert und als kleine Stapel an der Seite der Arbeitsfläche aufgereiht. Das Kind wählt oder zieht eine Karte bzw. die Erzieherin gibt eine Karte vor. Als Beispiel (Abb. 20) wurde hier die Karte mit der Anzahl von 7 Nuggets gewählt. Diese Karte wird oben links auf den Arbeitsplatz oder Arbeitsteppich und die entsprechende Anzahl an Glasnuggets daneben gelegt. Alle übrigen Nuggets sowie die Kartenstapel mit der Menge acht und neun werden aus dem Spiel genommen. Das Kind wird nun aufgefordert, mit den Karten 0 bis 7 verschiedene Möglichkeiten zu finden und zu legen, die zusammen 7 ergeben. Die gefundenen Möglichkeiten werden einzeln untereinander gelegt. Eventuell gibt die Erzieherin ein Beispiel, damit der Arbeitsauftrag auch richtig verstanden wird. Zu jeder gefundenen Möglichkeit kann nun eine Karte ohne Nuggets hinzugefügt werden, ohne dass sich das Ergebnis verändert. Schulkinder können die gefundenen Möglichkeiten zusätzlich als Rechnung schriftlich festhalten.

Die oben aufgelegten 7 Glasnuggets können in jeder Reihe aufgelegt werden. Auch hier muss die Anzahl aufgehen, es dürfen in keiner Reihe Nuggets übrig bleiben oder fehlen.

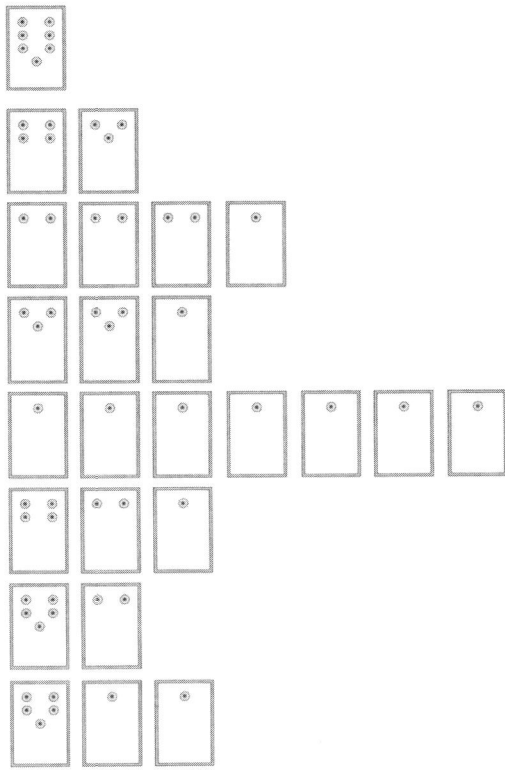

Abbildung 20: Blue – ein Spiel zur Mengenerkennung und Mengenunterscheidung

Geübte Fähigkeiten: In der ersten Übung werden Mengen erfasst, unterstützt durch das Legen der Nuggets. Außerdem wird durch die Anordnung der Nuggets der Unterschied zwischen geraden und ungeraden Zahlen deutlich. Auch die Bedeutung der Null kann mit Hilfe dieser Übung erfasst werden. In der zweiten Übung wird durch das Zerlegen von Mengen auf die Addition und Subtraktion vorbereitet. Für Kindergartenkinder geht es hier noch nicht um Rechenvorgänge, sondern um das Erfassen der Tatsache, dass eine Gesamtmenge sich aus unterschiedlichen Teilmengen zusammensetzen kann. Schulkindern, die sich noch nicht von Anschauung und Handlung lösen können, wird so ermöglicht, Rechenvorgänge zu bewältigen. Damit wird der Schritt zur inneren Vorstellung und zum Rechnen ohne Material vorbereitet und erleichtert.

◆ *Papier schlitzen – Teilung von Flächen*

(Verändert nach Gesslein/Lippert 1987)

Materialbeschreibung: Ein schöner Brieföffner, Zeitungspapier und Schreibmaschinenpapier in verschiedenen Farben.

Abbildung 21: Papier schlitzen

Arbeitsanleitung: Papier schlitzen ist in zwei Phasen unterteilt. Zunächst benötigt man einen Brieföffner und Zeitungspapier. Die Erzieherin faltet ein Blatt der Zeitung, legt die ungeschicktere Hand flach auf das Papier und hält es fest. Mit der geschickteren Hand nimmt sie den Brieföffner, schiebt ihn zwischen die beiden Teile und schlitzt die Zeitungsseite auseinander. Nun kann das Kind die Arbeit fortführen. Bei dieser Übung werden die Feinmotorik und die Koordination der beiden Hände gefördert.

Für den zweiten Teil benötigt man ein Blatt Papier DIN A4, ein Blatt DIN A3 in einer anderen Farbe, Brieföffner und Klebstoff. Ein Blatt wird immer auf die Hälfte gefaltet und geschlitzt, so lange bis es so klein ist, dass es nicht mehr geschlitzt werden kann. Anschließend werden die Teile der Größe nach sortiert und in einer Reihe aufgeklebt.

Geübte Fähigkeiten: Vorschulkinder bezeichnen die Teile als groß, kleiner, klein, Schulkinder erkennen, dass hier halbiert wird. Damit ist eine indirekte Vorbereitung auf das Bruchrechnen gegeben.

◆ Wasser gießen – Mengenerhaltung und Umkehrbarkeit

Materialbeschreibung: Das Material gehört zu den Originalmaterialien, wurde hier jedoch leicht abgewandelt. Es besteht aus einem Tablett mit zwei Glaskannen unterschiedlicher Größe, zwei gleichgroßen Gläsern, einem hohen Glas oder einer hohen Flasche, gefärbtem Wasser (farbiger Dekosand).

Arbeitsanleitung: Die große Kanne ist mit gefärbtem Wasser gefüllt. Der Inhalt wird nun durch vorsichtiges Gießen auf die beiden Gläser verteilt. Dabei achtet die Erzieherin darauf, dass die Kanne mit der rechten Hand am Griff genommen wird, und die linke Hand greift zur Unterstützung unter den Boden der Kanne. So kann der Gießvorgang sehr präzise ausgeführt werden. Bleibt an der Kanne ein Tropfen hängen, wird er mit dem Lappen abgewischt. Anschließend kann der Inhalt der Gläser mit Hilfe eines Trichters in die anderen Gefäße gefüllt werden.

Geübte Fähigkeiten: Wasser gießen ist in erster Linie eine Übung des täglichen Lebens. Kinder sollen befähigt werden, sich selbst Saft oder Tee einzuschenken, und so unabhängiger von der Erzieherin werden.

Daneben trägt das Material auch dazu bei, schulisches Einstiegswissen zu fördern, insbesondere Mengenerhaltung und Reversibilität.

Wird eine Menge in ihrer Form verändert, ohne etwas hinzuzufügen oder wegzunehmen, so bleibt sie erhalten. Man spricht von Mengenerhaltung oder Mengeninvarianz. Vorschulkinder verfügen in der Regel noch nicht über diese Erkenntnis, wie die Umschüttversuche von Piaget zei-

Abbildung 22: Wasser gießen

gen. Schüttet man vor den Augen der Vorschulkinder eine Flüssigkeitsmenge von einem breiten, flachen Glas in ein hohes, schmales Glas, so meinen die Kinder, in dem hohen Glas sei jetzt mehr Flüssigkeit. Sie orientieren sich ausschließlich an dem höheren Flüssigkeitsstand. Die Tatsache, dass nichts hinzugefügt wurde, lassen sie außer Acht.

Schulkinder im Alter von ca. 7 Jahren wissen dagegen, dass die Flüssigkeitsmenge gleich bleibt, auch wenn sich die äußere Form verändert hat. Die Erkenntnis der Mengenerhaltung ist ihnen u. a. deshalb möglich, weil sie den Vorgang gedanklich umkehren können. Diese Fähigkeit bezeichnet man als Reversibilität oder Umkehrbarkeit.

Inzwischen ist die Entwicklung des Denkens nach Piaget grundsätzlich bestätigt, nicht jedoch seine Altersangaben. Förderung und Übung tragen auch schon bei Vorschulkindern dazu bei, entsprechende Erkenntnisse zu gewinnen und zu vertiefen.

Mengenerhaltung und Reversibilität sind wesentlich für Rechenvorgänge. Eine Menge bleibt insgesamt gleich, auch wenn sie in Teilmengen zerlegt wird und nichts hinzugefügt wird. Reversibilität ermöglicht geistige Flexibilität. Die Umkehrung von Addition und Subtraktion kann erkannt werden: $4 + 3 = 7 / 7 - 3 = 4$. Weiterhin kann das Kind sich durch gedankliche Flexibilität von der Handlung lösen und z. B. im Kopf rechnen.

5 Erfahrungen aus der Praxis

Im folgenden Teil möchten wir berichten, wie einige Einrichtungen den Ansatz nach Montessori umsetzen und welche Erfahrungen die Erzieherinnen dabei gemacht haben. Damit möchten wir Anregungen geben und Mut machen, aber auch auf Probleme hinweisen, die möglicherweise entstehen können, wenn man Elemente der Montessori-Pädagogik einführt. Es handelt sich um Erfahrungen und Rückmeldungen von Regelkindergärten, aber auch schulvorbereitenden Einrichtungen und einer integrativen Gruppe. Dies ist eine Zusammenfassung von Anregungen aus der Praxis für die Praxis, natürlich sind auch noch andere Erfahrungen und Probleme denkbar.

Warum ausgerechnet Montessori?

Die Motivation, sich mit dem Ansatz von Montessori zu beschäftigen, ist sehr unterschiedlich. Für einige Erzieherinnen waren aktuelle Probleme in der Einrichtung Anlass, nach neuen Wegen zu suchen. Sie haben in den letzten Jahren vermehrt Kinder zu betreuen, die nicht zum Spiel finden, Konzentrations- und Aufmerksamkeitsschwächen haben oder durch einen ausgeprägten Bewegungsdrang auffallen. Es bereitet zunehmend Mühe, diese Kinder in den Gruppenalltag zu integrieren. Andere suchten nach einigen Jahren Tätigkeit in einer Einrichtung einfach nach neuen Anregungen. Wieder andere wurden durch Fachliteratur, Kursangebote oder Kolleginnen dazu inspiriert, sich näher mit dem Ansatz zu beschäftigen. Auch der Wunsch, individueller mit Kindern zu arbeiten, spielte für die Erzieherinnen eine Rolle. Durch die Montessori-Pädagogik erhoffen sich die Erzieherinnen, auch im Regelkindergarten mehr auf das einzelne Kind eingehen zu können. Wichtig erscheint uns zu erwähnen, dass Erzieherinnen und Kinderpflegerinnen bewusst Elemente der Montessori-Pädagogik aufnehmen, deshalb aber nicht zu einer Montessori-Einrichtung werden möchten. Ähnlich wie andere Einrichtungen Ideen des spielzeugfreien Kindergartens oder des Waldkindergartens aufgreifen, ohne gleich eine Veränderung des Gesamtkonzepts anzustreben.

Welche Qualifikation braucht man für die Arbeit nach Montessori?

Auch die Qualifikation für die Arbeit nach Montessori ist sehr unterschiedlich. Einige der Erzieherinnen oder Kinderpflegerinnen haben das Montessori-Diplom erworben. Die Diplomierung ist den nationalen und internationalen Montessori-Vereinigungen vorbehalten, die entsprechende Kurse anbieten. Diese Fortbildungen sind sehr zeit- und arbeitsintensiv, da es genaue Vorgaben zur Stundenzahl und den zu erbringenden Leistungen gibt. Zudem sind die Kurse teuer und an bestimmte Orte gebunden. Deshalb ist es vielen Erzieherinnen nicht möglich oder zu aufwendig, das Diplom zu erwerben. Nur wenige der von uns befragten Erzieherinnen hatten die Ausbildung absolviert. Die Mehrzahl hatte eine oder mehrere Fortbildungen zur Montessori-Pädagogik besucht und sich über Fachliteratur weitergebildet. Wieder andere wurden von einer Teamkollegin mit Fortbildung oder Diplom angeleitet.

Wir konnten beobachten, dass diplomierte Erzieherinnen den Ansatz nach Montessori deutlicher und konsequenter in die Praxis umsetzten. Sie fühlten sich sicherer im Umgang mit den Materialien und verfügten in relativ kurzer Zeit über eine große Auswahl an Materialien. Die Verinnerlichung des Ansatzes durch eine intensive Ausbildung befähigte und motivierte diese Erzieherinnen, neues Material zu entwickeln bzw. bekannte Materialien zu verändern und auf die Gruppe abzustimmen. Diejenigen mit einer kürzeren Einführung arbeiteten häufig mit dem Material, das sie während der Fortbildung kennen gelernt hatten. Neue Materialien wurden eher selten eingeführt, da man befürchtete, etwas falsch zu machen. Hier war eine gewisse Unsicherheit erkennbar. Es spricht für die professionelle Haltung von Erzieherinnen, bei Unsicherheit nicht einfach zu handeln, sondern vorsichtig zu sein. Auch diejenigen, die von einer Kollegin angeleitet wurden, beschränkten sich auf die bekannten Materialien. Die Kollegin gab aber Sicherheit, bei ihr konnte man nachfragen oder um die Einführung weiterer Materialien bitten.

Uns erscheint es nicht zwingend notwendig, ein Diplom zu erwerben. Wer sich intensiv mit dem Ansatz beschäftigt, ist sicherlich ebenso in der Lage, Elemente nach Montessori in seinen Kindergartenalltag zu integrieren. Dringend geboten erscheint uns aber eine Einführung und die Hospitation in einer Gruppe, die bereits längere Zeit nach Montessori arbeitet. Grundelemente des Konzepts wie pädagogische Haltung der Erzieherin, die Bedeutung der freien Wahl oder auch der Fehlerkontrolle usw. werden so erlebt und dadurch tiefer erfasst. Die Erkenntnis, dass mehr als das Material eine Rolle bei diesem Ansatz spielt, lässt sich über einen Vortrag oder das Literaturstudium allein kaum vermitteln. Dies bestätigten uns alle Erzieherinnen übereinstimmend. Viele gaben an, dass sie nun, nachdem sie etwas mehr über Montessori wissen, langfristig das Montessori-Diplom anstreben.

Wie viel Montessori-Pädagogik –
wie viel Regelkindergarten?

Montessori hat zunächst die Arbeit mit dem einzelnen Kind in den Vordergrund gestellt. Diesbezüglich gehen die Vorstellungen der befragten Erzieherinnen auseinander. Einige halten sich an diese Vorgabe zumindest für die erste Einführung, andere haben gute Erfahrungen mit Kleingruppen von ca. drei bis vier Kindern gemacht. Sie nehmen sich ein neues Material, setzen sich mit einem Arbeitsteppich an einen Tisch und beginnen zu arbeiten. Meist interessieren sich drei bis vier Kinder spontan für dieses neue Material, setzen sich dazu und beobachten die Erzieherin. Dadurch, dass nicht gesprochen wird, können alle Kinder ihre Aufmerksamkeit auf die Übung richten. Nachdem die Arbeit beendet ist, steht die Erzieherin auf und überlässt den Kindern die Gegenstände. In der Regel übernimmt ein Kind sofort die Tätigkeit, die anderen helfen bzw. kontrollieren den Vorgang. Anschließend kommen die anderen an die Reihe. Hier ist ein völlig ungestörtes Arbeiten nicht möglich, da die Kinder, die nicht arbeiten, entsprechende Kommentare abgeben, z. B. auf Fehler aufmerksam machen. Das Problem wurde in dieser Einrichtung mit Hilfe eines sogenannten Schweigesteins gelöst. Hat ein Kind diesen Stein auf seinem Arbeitsplatz liegen, so bedeutet das, dass es in Ruhe gelassen werden will. Ein weiteres Problem sehen wir darin, dass Handlungen verändert werden und so die Aufmerksamkeit vom Wesentlichen abgelenkt werden kann. So können Irritationen bei den zuschauenden Kindern entstehen, sie beobachten die Handlung auf unterschiedliche Weise. Vor allem für schwache Kinder könnte das ein Problem sein, sie wissen nicht, was richtig ist bzw. was sie sich merken müssen. Wir meinen, für eine erste Einführung ist die Einzelarbeit durchaus sinnvoll und deshalb zu bevorzugen.

In einer integrativen Einrichtung fanden wir eine weitere Möglichkeit der Einführung des Materials, die sich dort bewährt hat. Das neue Material, gekauft oder selbst hergestellt, wird im Morgenkreis eingeführt. Zur Verdeutlichung wird das Beispiel eines geknüpften Teppichs in Farbe und Abstufung den Farbtäfelchen ähnlich, beschrieben. Neben dem Teppich mit 15 Farbabstufungen gibt es 15 entsprechend farblich passende Garnröllchen. Der Teppich wird in die Mitte gelegt und jedes Kind sucht sich aus dem Korb ein Garnröllchen aus. Leise und ruhig legen die Kinder nacheinander ihre Röllchen auf die Farbe, die ihnen bei Teppich und Röllchen passend erscheint. Kein Kind korrigiert ein anderes Kind während der Arbeit, auch wenn eine Farbe nicht richtig gewählt wurde. Erst nach Beendigung der Arbeit fragt die Erzieherin, ob jemand noch etwas verändern möchte. Die Erzieherinnen berichten, dass sich die Kinder schon sehr bald daran gewöhnen, Beobachtungen nicht sofort auszurufen, sondern zu warten, bis Zeit dafür ist. Neben der Achtung vor der Arbeit des Kameraden wird dadurch auch die Disziplin erworben, die in der Schule notwendig ist, wenn es darauf ankommt, zuzuhören und zuzuschauen, zu warten, bis das Kind aufgefordert ist.

Zu schaffen macht einigen Erzieherinnen die Vorgabe, dass das Material nur seinem Zweck entsprechend verwendet werden soll. Man darf sehr wohl dem Zweck entsprechend variieren. So darf man die roten Stangen an der Wand entlang aufstellen, denn es geht dann immer noch um das Merkmal „Länge". Knöpfe z. B. könnten nach unterschiedlichen Kriterien sortiert werden, alle gleichen, nach Farben oder alle mit goldener Farbe. Nicht im Sinne Montessoris dagegen ist die Verwendung als Geldstück beim Verkaufsspiel. Häufiges Argument gegen diese Regel ist, dass sie zu starr ist und die Entwicklung der Kreativität dadurch beeinträchtigt wird. Wir geben zu bedenken, dass Montessori-Material nicht als Spielmaterial oder Material zur Kreativitätserziehung entwickelt wurde. Dafür gibt es andere Dinge und Gelegenheiten.

Wie stark sich die Erzieherinnen im Regelkindergarten an diese Vorgabe binden, hängt von der Gruppensituation und von der Persönlichkeit der Erzieherin ab. Dort, wo sich Erzieherinnen konsequent an die Vorgabe halten, stellen sich positive Effekte wie Konzentration und Ruhe ein. Wird das Material zweckentfremdet, fordern die Erzieherinnen die Kinder auf, korrekt damit umzugehen oder die Arbeit zu beenden. Manche Einrichtungen bewegen sich zwischen Zulassen und Vorgabe. Die Erzieherinnen beobachten die Kinder und schreiten erst ein, wenn das Arbeitsmaterial dauerhaft oder häufiger zum Spiel verwendet wird. Einige wenige Einrichtungen lassen grundsätzlich auch das Spiel zu. Das Montessori-Material unterscheidet sich dann nicht von anderen Spielsachen. Hier gehen unserer Meinung nach die positiven Effekte verloren. Ruhe und Konzentration, die man sonst beobachten kann, stellen sich hier nicht ein. Dies ist insbesondere für die Vorbereitung auf die Schule nicht günstig, da Kinder so nicht zu einer entsprechenden Arbeitshaltung finden können.

Kinder lieben die Arbeit nach Montessori

Führt die Erzieherin Montessori-Material das erste Mal ein, so zeigen fast alle Kinder großes Interesse daran. Sie sind neugierig, was die Erzieherin da macht, auch deshalb, weil die Vorgehensweise so anders ist als sonst. Die erste Begegnung mit dem Material ist also eher durch eine extrinsische Motivation gekennzeichnet. Diese wandelt sich jedoch bei vielen Kindern zur intrinsischen Motivation. Erzieherinnen berichten, dass Kinder nach den Materialien fragen, sie sich holen und korrekt damit arbeiten. Es lassen sich allerdings Unterschiede feststellen, insbesondere was die Altersgruppen betrifft. So fühlen sich die Dreijährigen, die neu im Kindergarten sind, vom Material und der Arbeit besonders angesprochen. Ein Grund dafür könnte sein, dass sie sich mit Hilfe der Materialien besser orientieren können. Anfangs brauchen sie noch viel Unterstützung bei der Auswahl. Bald kennen sie die Materialien und können selbstständig damit arbeiten. Dadurch finden sie sich in der Einrichtung besser zurecht. Sie können immer wieder dieselben Materialien wählen, was ihrem Bedürfnis nach Wiederholung entgegenkommt. Zudem entspricht es ihrem sozialen Entwicklungsstand, sie sind noch nicht so stark an gemeinsamen Spielen interessiert. Die Vier- bis Fünfjährigen dagegen bevorzugen eindeutig Rollenspiele, Gesellschafts- und Konstruktionsspiele. Arbeit nach Montessori ist für sie interessant, wenn es ruhiger im Kindergarten ist, nicht alle Kinder da sind. Dies ist zur Bring- und Abholzeit und in einigen Kindergärten am Nachmittag der Fall. Dann lassen sich auch diese Kinder auf das Material ein und arbeiten intensiv damit. Die Vorschulkinder mit fünf und sechs Jahren fühlen sich von der Arbeit nach Montessori wieder stärker angesprochen. Sie suchen allerdings nach anspruchsvollen Materialien, die ihren Bedürfnissen entgegenkommen. So wollen sie beispielsweise ihren Namen schreiben, interessieren sich für Zahlen oder für bestimmte Themen wie Dinosaurier, fremde Länder etc. Auch für solche Themenbereiche gibt es Originalmaterial bzw. können Zusatzmaterialien hergestellt werden.

In jeder Einrichtung gibt es aber auch Kinder mit besonderen Schwierigkeiten. Insbesondere die Zahl der Kinder, die sich nicht konzentrieren können oder ein hohes Aktivitätsniveau haben, nimmt in den Kindergärten zu. Diese Kinder haben kein Durchhaltevermögen, sie beginnen eine Tätigkeit oder ein Spiel, verlieren dann aber schnell das Interesse und wenden sich einer neuen Sache zu. Auch dieses neue Spiel verliert schnell seinen Reiz. Häufig stören solche Kinder dann die anderen in ihrem Spiel, sie sind unbeliebte Spielpartner, weil sie den Spielfluss blockieren oder unterbrechen. Langfristig kommen also u. U. soziale Probleme hinzu. Gerade für diese Kinder ist die Arbeit nach Montessori besonders gut geeignet, wenn es auch anfangs oft besonderer Geduld bedarf. Die Einzelarbeit und die Zurückhaltung der Erzieherin lassen Eigenaktivität zu. Durch die Materialien können sich die Kinder auf das Wesentliche konzentrieren, Ablenkungen werden so vermieden. Bei diesen Kindern sollte besonders darauf geachtet werden, welche Materialien angeboten werden. Sie sollten für das betreffende Kind unbedingt attraktiv sein, so dass es sich davon angezogen fühlt und sich gerne damit beschäftigt. Auch heilpädagogische Variationen sollten bedacht werden. So kann z. B. ein Material reduziert werden, damit sich ein Anfangserfolg einstellt. Dadurch wird Motivation geschaffen, sich auch an schwierigere Aufgaben zu wagen. Ebenfalls günstig ist es, mit diesen Kindern zunächst in Einzelarbeit, wenn möglich an einem ungestörten Ort oder zumindest von der Gruppe etwas abgeschottet zu arbeiten. Die Erfahrung zeigt, dass gerade diese Kinder, wenn auch nach Anfangsschwierigkeiten, durch die Arbeit nach Montessori zu mehr Ruhe und Konzentration finden.

Als besonders hilfreich empfanden die Erzieherinnen, dass auch Kinder mit Entwicklungsdefiziten besser gefördert werden können. Der Gedanke, dass sich die Anforderungen immer am Förderbedarf des Kindes orientieren sollten, kann besser umgesetzt werden. Es gibt Material auf unterschiedlichem Niveau oder aber mögliche Vereinfachungen eines Materials. Kein Kind muss seine Schwächen verstecken und bestimmten Aufgaben immer aus dem Weg gehen.

Insbesondere in integrativen Gruppen hat sich gezeigt, dass leistungsstärkere Kinder den schwächeren gerne helfen. Dadurch entsteht ein Lerngewinn ganz anderer Art. Sie erleben, für ein anderes Kind von Bedeutung zu sein. Das stärkt das eigene Selbstbewusstsein und beeinflusst die emotional-soziale Entwicklung günstig. Auch für das Kind, dessen Fähigkeiten noch nicht so gut entwickelt sind, entsteht daraus die Erfahrung, wegen seiner Schwächen nicht abgelehnt zu werden. Aber auch für die kognitive Entwicklung ist diese gegenseitige Unterstützung sinnvoll. Das leistungsstärkere Kind muss nicht nur sein Wissen anwenden, es muss es weitergeben. Dafür ist eine tiefere innere Auseinandersetzung mit dem Inhalt nötig. Kinder können aber anderen Kindern u. U. besser vermitteln, was wichtig ist, da sie sich besser in die kindliche Denkweise und eventuelle Probleme einfühlen können. So kann auch das leistungsschwächere Kind von der Hilfestellung profitieren. Voraussetzung ist allerdings, dass darauf geachtet wird, dass vor der Unterstützung anderer Kinder die eigene Arbeit sorgfältig beendet und dem leistungsschwächeren Kind nicht alle Arbeit abgenommen wird. Behinderte Kinder haben sehr oft Schwierigkeiten mit der Sprache. Für sie ist die Art der Einführung des Materials besonders geeignet. Das Vormachen ist leichter zu erfassen als verbale Erläuterungen.

Kindergärten mit ausländischen Kindern haben gute Erfahrungen mit der Arbeit nach Montessori gemacht. Durch das Vormachen ohne Sprache und durch die Handlung sind alle Kinder gleich, was besonders den Kindern gut tut, die die Sprache noch nicht so gut beherrschen. Sie können die Handlung nachvollziehen und erleben so die Bestätigung: „Ich kann etwas." Zum Erlernen von Begriffen bietet die Drei-Stufen-Lektion eine gute Möglichkeit. Die Begriffe werden dem Kind deutlicher als in einer Spielsituation, die durch viele Worte gekennzeichnet ist. Hier könnte zum Beispiel der Anlautkasten umfunktioniert werden. Die Gegenstände werden einzeln herausgenommen und benannt. In einem weiteren Schritt fordert die Erzieherin das Kind dann auf, „gib mir" oder „zeig mir" (z. B. das Flugzeug). Hat das Kind die Verbindung des Gegenstandes mit dem Begriff gefestigt, wird es aufgefordert, den Gegenstand selbst zu benennen: „Was ist das?" Der bewusste Einsatz der Sprache ist für die Kinder hilfreich, sie nehmen das Angebot gerne an. Hinzu kommt, dass die Beziehung zwischen Kind und Erzieherin auf diese Weise ganz nebenbei gestärkt wird.

Mit welchen Materialien beginnt man am besten?

In der Erprobungsphase wissen die Erzieherinnen noch nicht, wie die Kinder, die Eltern und sie selbst die Arbeit nach Montessori in ihren Alltag integrieren können. Verständlicherweise möchten sie nicht allzu viel Geld investieren. Also wählten sie in der Anfangsphase häufig Materialien, die relativ einfach und kostengünstig selbst herzustellen sind, wie z. B. Sandpapierziffern, Wasser gießen oder die roten Stangen.

Zu Beginn der Arbeit verfügten die Kindergärten also meist nur über wenige Materialien. Hat sich die Arbeit nach Montessori bewährt, wurden gute Erfahrungen gemacht, sind Erzieherinnen motiviert, weitere Materialien herzustellen oder anzuschaffen. Wer Zeit und Geld aufgewandt hat, das Diplom zu erwerben, hat meist großes Interesse, den Ansatz gezielt und systematisch in die Praxis umzusetzen. Diese Erzieherinnen verfügen in relativ kurzer Zeit über eine große Auswahl an unterschiedlichen Materialien, die sie gekauft oder selbst hergestellt haben. Einige von ihnen haben auch Eltern dafür gewonnen und deren handwerkliche Fähigkeiten genutzt. Dieses systematische und rasche Vorangehen hat den Vorteil, dass bald für jeden Entwicklungsstand Materialien in der Gruppe vorhanden sind und alle Kinder etwas finden können, das sie anspricht, und Aufgaben, die sie bewältigen können.

Aus welchen Bereichen die Materialien gewählt werden, hängt anscheinend stark mit der Person der Erzieherin zusammen. Je nach Interesse und Neigung wird zunächst eher Sinnesmaterial oder Material zur kosmischen Erziehung, Mathematikmaterial oder Sprachmaterial bevorzugt. Andere Bereiche werden dann nach und nach ergänzt.

Materialien zur Vorbereitung auf die Schule wurden in den Kindergärten nicht gezielt als solche eingesetzt, der Weg geht eher umgekehrt. Es kristallisieren sich Materialien heraus, die Vorschulkinder besonders ansprechen, die sie bevorzugen. Wobei man anscheinend nicht vorhersagen kann, welche Materialien das sind. Was bei Vorschulkindern beliebt ist und was nicht, ist von Gruppe zu Gruppe verschieden. So waren in einer Gruppe die roten und die numerischen Stangen die „Renner". Zunächst wurde intensiv damit gearbeitet, und dann kamen die Kinder von selbst auf Ideen, das Gelernte in den Alltag zu übertragen. Es wurde alles mögliche vermessen, vom Bleistift bis zu den Kindern selbst. In einer anderen Gruppe dagegen zeigten die Kinder wenig Interesse an diesem Material. Eine allgemeine Aussage zu den Vorschulkindern lässt sich dennoch machen. Sie bevorzugen anspruchsvollere Materialien, interessieren sich für Zahlen und Buchstaben, bestimmte Themen wie fremde Länder oder begeistern sich für Materialien, mit denen man experimentieren kann.

Wie kann man die Arbeit nach Montessori am besten in den Alltag integrieren?

Ausgangspunkt unserer Betrachtungen sind Regelkindergärten mit unterschiedlichen Strukturen. Die Kinder haben keine Erfahrungen mit der Arbeit nach Montessori.

Als günstig hat es sich erwiesen, wenn die Arbeit mit Montessori-Materialien in einer ruhigen Zimmerecke oder noch besser in einem Nebenraum stattfinden kann. So können unnötige Störungen vermieden werden, was besonders in der Einführungsphase hilfreich ist.

Nach Montessori soll das Material einen festen Patz in der Gruppe haben. Die meisten Einrichtungen halten sich an diese Regel. Sie haben ein Montessori-Regal oder einen Schrank für das Material. Einige Kindergärten kennzeichnen den Platz im Regal oder Schrank mit einem Foto des Materials, so dass die Kinder genau wissen, wohin sie das Material beim Aufräumen stellen müssen.

Wann mit dem Material gearbeitet wird, ist unterschiedlich. Erzieherinnen berichten, dass sie ausprobiert haben, was das beste für ihre Gruppe ist. Einige haben das Material zunächst in der Freispielzeit als Alternative angeboten, sind jedoch wieder davon abgekommen. Insgesamt ist die Freispielzeit zu unruhig, insbesondere wenn man nur einen Gruppenraum zur Verfügung hat. Grundsätzlich ist diese Variante denkbar, aber eher geeignet, wenn die Kinder mit der Arbeit vertraut sind. Zu beachten ist hier, dass der Überblick leichter verloren geht und genaue Beobachtung nicht mehr so gut stattfinden kann. Viele haben inzwischen eine feste Arbeitszeit eingeführt und kommen damit nun gut zurecht. Ein großer Vorteil der festen Zeit ist der Rahmen, der dadurch gegeben ist. Alle Kinder arbeiten relativ ruhig und konzentriert, Störungen werden so vermieden. Entscheidend ist für einige Erzieherinnen, dass es ruhig ist und Arbeiten zu Ende geführt werden.

Dabei muss es nicht immer Montessori-Material sein, auch ein Puzzle oder ein Bilderbuch gehören zu den Angeboten. Attraktive Alternativen wie die Hängematte, das Rollbrett oder die Verkleidungskiste stehen in dieser Zeit nicht konkurrierend zur Verfügung. Die feste Arbeitszeit bietet weitere Vorteile: Die Erzieherin hat die Möglichkeit, Kinder genauer zu beobachten oder in Ruhe für ein einzelnes Kind neue Materialien einzuführen.

Wann die Zeit zum Aufräumen gekommen ist, erkennt die Erzieherin durch die Beobachtung der Kinder. Die Konzentration der Kinder lässt nach. In einigen Einrichtungen wird eine feine Glocke geläutet, als Signal dafür, dass die Kinder ihre Arbeit beenden und aufräumen können. Andere fordern die Kinder, die fertig sind, direkt auf, die Materialien an ihren Platz zurückzubringen. Kinder, die noch arbeiten, dürfen selbstverständlich ihre Arbeit zu Ende bringen. Je nach Einrichtung, Gruppenzusammensetzung und Übung der Kinder beträgt diese Arbeitszeit zwischen einer halben Stunde und einer Stunde.

Für uns ist eine weitere Möglichkeit denkbar, die wir jedoch in keiner Einrichtung vorfanden. Die sogenannten Vorschulkinder könnten am Nachmittag gezielt für eine Stunde betreut und mit der Arbeit vertraut gemacht werden. Besondere Angebote der Einrichtung für bestimmte Gruppen könnten auch einen Werbeffekt für diese Einrichtung haben.

Wo bleibt beim Ansatz von Montessori die Kreativitätserziehung?

Ob das angehende Schulkind den Anforderungen der Schule gewachsen ist oder nicht, hängt nicht nur von seinen intellektuellen Fähigkeiten ab, sondern auch von seiner emotionalen Entwicklung und davon, welche Möglichkeiten für seine innere Entwicklung gegeben sind. Daher erachten wir es als unbedingt notwendig anzusprechen, dass das Vorschulkind ausreichend Anregungen, Zeit und Raum benötigt, um Zugang zu seiner inneren Welt zu finden. Märchen und Geschichten, Materialien für freie Rollenspiele, die Möglichkeit seine Fantasien und Gedanken durch Zeichnungen oder im Spiel auszudrücken helfen dem Kind, Erfahrungen mit seiner Person zu machen und allmählich seine Identität zu finden. Für diese innere Erfahrungswelt des Kindes ist im schulischen Bereich kaum Platz. Umso wichtiger erscheint uns, dass das angehende Schulkind gerade im Kindergarten Zeit findet für freies Kinderspiel, in dem es kein „falsch" oder „richtig" gibt, wo es seine Wünsche, Fantasien und Ängste erleben und leben kann. Auch in Montessori-Einrichtungen bleibt für solche Dinge neben der Arbeitszeit Raum.

Wenn ein Kind nicht arbeiten will

Zeigt ein Kind kein Interesse an den angebotenen Materialien, ist das für die Erzieherin Anlass, noch einmal genauer das Kind und seine Situation anzuschauen. Es kann sein, dass ein Kind überfordert ist. Kinder spüren ihre Schwierigkeiten und vermeiden dann Situationen, die diese Probleme offenbaren. In so einem Fall ist es sinnvoll zu beobachten, ob das betreffende Kind anderen bei der Arbeit zusieht, ein verstecktes Interesse zeigt. Behutsam kann dann das Interesse geweckt und das Kind mit vereinfachten Aufgaben an die Arbeit herangeführt werden. Dies ist wichtig, weil ansonsten das Vermeidungsverhalten dazu führt, dass der Problembereich nie angepackt wird. Auf Dauer wird so die Einstellung entwickelt: „Das kann ich sowieso nicht." Dies wiederum hat negative Auswirkungen auf das Selbstbild des Kindes.

Andererseits ist mangelndes Interesse möglicherweise auch auf Unterforderung zurückzuführen. Beobachtungen zeigen aber, dass Kinder, die eine Arbeit gut beherrschen, sie trotzdem oder gerade deswegen gerne wiederholen. Sie fühlen sich dadurch bestätigt. Eine weitere Reaktion wurde schon beschrieben. Leistungsstarke Kinder sind gerne bereit, anderen zu helfen, und können selbst dadurch profitieren.

Selbstverständlich gibt es auch Kinder, die sich einfach nicht von der Arbeit nach Montessori angesprochen fühlen, wenn auch die Erfahrung zeigt, dass dies wenige Kinder betrifft. „Gezwungen" werden sollte kein Kind. Vielmehr sollte versucht werden, das Kind zu locken. Man kann z. B. besonders attraktive Materialien wie z. B. Wasser gießen an den Anfang stellen. Auch andere Kinder können motivierend wirken. Arbeiten sie intensiv und interessieren sich für ein bestimmtes Material, können sie desinteressierte Kinder mitreißen. In beiden Fällen ist die Motivation zunächst von außen gesteuert. Machen die Kinder gute Erfahrungen mit der Arbeit, so wandelt sich diese u. U. in innere Motivation. Hier heißt es für die Erzieherin abwarten können und genau beobachten. Lassen sich Kinder auch langfristig nicht auf die Arbeit nach Montessori ein, muss dies akzeptiert werden. Im Regelkindergarten gibt es genügend Alternativen. Dann könnte z. B. während der Arbeitszeit auch übliches Spielmaterial bereitgestellt werden.

Was können Eltern zu Hause tun?

Sicherlich ist es nicht möglich und auch nicht sinnvoll, eine Fülle von teuren Materialien für zu Hause anzuschaffen. Eltern können aber im Alltag Materialien suchen und den Kindern anbieten, die den Grundsätzen von Montessori

106

weitgehend entsprechen. So ist Wasser gießen, Knöpfe sortieren oder Bandschnecke rollen sicherlich ohne großen Aufwand möglich, wenn auch nicht im strengen Sinn nach Montessori, sondern eventuell als Betätigungsmöglichkeit. Wichtig wäre, dass Eltern ihre Haltung überprüfen. Sie sollten dem Kind Freiräume schaffen, auf sofortige Korrektur verzichten und das Kind nicht in seiner Konzentration stören, wenn es sich mit einer Sache intensiv beschäftigt. Weiterhin ist wichtig, daß die Arbeit nach Montessori im Kindergarten von den Eltern respektiert wird und das Kind das auch spürt. Auch wenn das Kind zwei Welten erlebt, zu Hause sich nichts verändert, ist die Arbeit nach Montessori eine Chance, Basiskompetenzen und bestimmte Fähigkeiten zu entwickeln.

Literatur

Barth, K. (1995): Schulfähig? Freiburg

Bierbricher, H., Speichert, H. (1999): Montessori für Eltern. Hamburg

Breuer, H., Weuffen, M. (1997): Lernschwierigkeiten am Schulanfang. 4. Aufl. Weinheim und Basel

–, – (1996): Besondere Entwicklungsauffälligkeiten bei Fünf- bis Achtjährigen. 3. Aufl. Neuwied, Kriftel, Berlin

Fthenakis, W. E. (1999): Zur (notwendigen) Reform der Frühpädagogik (Skript)

– (1998): Im Dialog. Wie zeitgemäß ist unsere Erziehung? (Skript zur Fachtagung „Zukunftswerkstatt Kindergarten" in Regensburg)

Gesslein, I., Lippert, H. (1987): Schule macht Spaß. Würzburg

Hacker, H. (1992): Vom Kindergarten zur Grundschule. Bad Heilbrunn

Heiland, H. (1991): Maria Montessori. Hamburg

Held, P.-W. (Hrsg.) (o. J.): Materialgeleitetes Lernen. Akademie für Lehrerfortbildung Dillingen

Holtstiege, H. (1977/1994): Modell Montessori. Freiburg i. Br.

Milz, I. (1997): Montessori-Pädagogik. Dortmund

Montessori, M. (1952): Kinder sind anders. Stuttgart

Nickel, H., Schmidt-Denter, U. (1991): Vom Kleinkind zum Schulkind. München, Basel

Oswald, P., Schulz-Benesch, G. (1967): Grundgedanken der Montessori-Pädagogik. Freiburg i. Br.

Montessori –
Schlüssel zur Welt

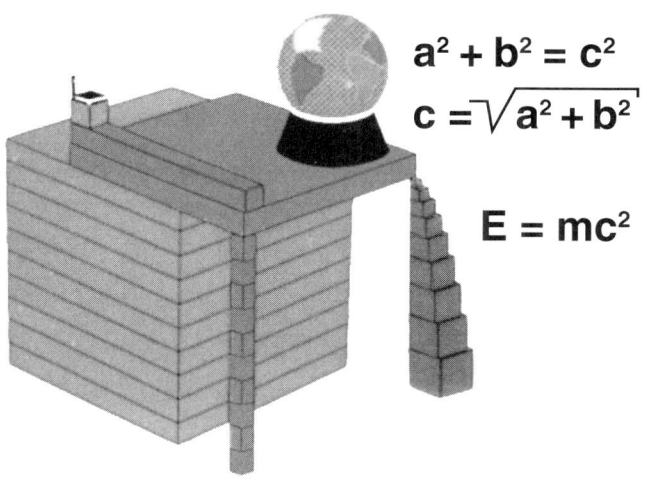

$$a^2 + b^2 = c^2$$
$$c = \sqrt{a^2 + b^2}$$

$$E = mc^2$$

Ihr Montessori-Lieferant in Deutschland
Ersatzteilservice
Kostenloser Katalog
fix-freundlich-fachkundig

Riedel GmbH
Carl-Zeiss-Str. 35
D-72770 Reutlingen
Telefon 07121-515350   Fax 07121-370143

»Kinder sind Kinder«

Diese Reihe bietet Rat und Informationen all denen, die täglich mit Kindern zu tun haben. Die handlichen Taschenbücher stellen aktuelle Themen aus dem Alltag mit Kindern dar und helfen, Probleme richtig zu erkennen, zu vermeiden oder ihren Anfängen entgegenzuwirken.

Ernst Reinhardt Verlag München Basel